AF314986

NOTICE BIOGRAPHIQUE

DE LA

MÈRE S. STANISLAS

RELIGIEUSE DE LA MISÉRICORDE-DE-JÉSUS

DE L'ORDRE DE S. AUGUSTIN DE L'HOTEL-DIEU D'AURAY

(MORBIHAN)

PAR LE P. F. MARTIN

DE LA COMPAGNIE DE JÉSUS.

O perire sibi ! O amare ! O ire ad Deum !
(S. AUG.)
Mourir à soi! Aimer Dieu! Aller à Dieu!

PARIS

H. OUDIN, LIBRAIRE-ÉDITEUR

17, RUE BONAPARTE, 17

Et à Poitiers, 4, rue de l'Éperon

—

1886

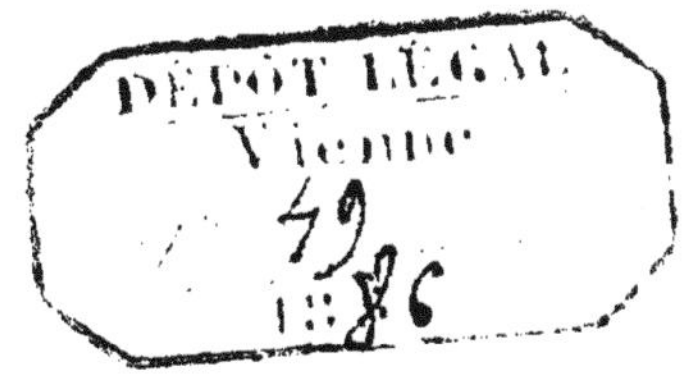

NOTICE BIOGRAPHIQUE

NOTICE BIOGRAPHIQUE

I

ENFANCE. — JEUNESSE.

La Mère Saint-Stanislas naquit à Auray, en Bretagne, le 19 mai 1810, et reçut au baptême les noms de Monique-Marie-Louise Martin (1).

Elle avait le bonheur d'avoir des parents aussi remarquables par leurs bons principes, que par leurs habitudes religieuses, et par l'éducation vraiment chrétienne qu'ils donnaient à leurs. enfants. Pour attirer sur eux les bénédictions célestes, et leur inspirer un jour une tendre dévotion pour la

(1) Son père, Jacques-Augustin Martin, était né le 24 mars 1774. Il avait épousé le 24 avril 1799 demoiselle Anne Armel Lauzer, fille de Philippe-Nicolas Lauzer de Kerzo et de dame Eulalie-Anne-Joseph Larmor, originaire de la paroisse de Pluneret, conseiller général du département du Morbihan. Il fut longtemps maire de la ville d'Auray, où son nom est resté populaire et sa mémoire vénérée. Un des quais de la ville porte encore son nom. C'est à lui qu'Auray doit la jolie promenade du Loc, qui domine avec ses terrasses ombragées la gracieuse rivière d'Auray. — Il est mort le 25 mai 1840.

Reine du Ciel, ils prenaient soin d'ajouter son nom
béni à celui de leurs patrons.

Monique entrait la huitième dans cette jeune famille, qui devait compter dix enfants (1). L'un d'eux
fut enlevé dans le bas âge. Le Seigneur en appela
deux au service des autels, et ils entrèrent dans la
Compagnie de Jésus. Monique, que le Ciel avait pré-
venue de ses grâces dès sa plus tendre enfance,
devait suivre leur exemple, et se consacrer aussi à
Dieu dans la vie religieuse.

Ses pieuses dispositions, auxquelles son heureux
caractère donnait un nouveau charme, attiraient l'attention. Elles n'échappèrent pas surtout à l'œil

(1) Eulalie, née le 22 mars 1800, mariée à M. Hyacinthe
Humphry, conseiller général et maire d'Auray ;

Arthur, né le 2 septembre 1801, entré dans la Compagnie
de Jésus, décédé le 24 novembre 1856;

Théophile, né le 4 février 1803 et décédé le 22 septembre
1875. Son fils aîné, M. Joseph Martin d'Auray, est député et
conseiller général du Morbihan ;

Félix, né le 4 septembre 1804, entré dans la Compagnie de
Jésus ;

Résia, née le 8 juin 1806, mariée à M. Alphonse Guépin,
architecte à Saint-Brieuc ;

Antoine, né le 27 juillet 1808, et décédé le 11 mars 1809 ;

Monique, née en 1810, entrée au monastère des Religieuses
de la Miséricorde-de-Jésus à Auray, décédée le 8 mai 1884;

Auguste, né le 20 septembre 1812, docteur-médecin à Paris ;

Mariette, née en 1815, et morte en 1836.

Nathalie, née le 8 septembre 1817, mariée à M. Alfred du
Bois de Beauchesne.

vigilant de sa mère , dont le plus ardent désir était d'avoir des enfants vertueux. Elle voyait dans sa jeune fille des signes si prononcés de la prédilection divine, qu'elle eut bientôt la conviction que le Seigneur l'appellerait un jour à la vie du cloître. Elle communiqua cette pensée à un de ses neveux (1), religieux de la Compagnie de Jésus. « Tu vois ma fille, qui n'a que 7 ans, lui dit-elle un jour ; je l'étudie bien. Si je ne me trompe pas, elle sera religieuse, et une sainte. »

Loin de l'attrister, cette pensée était pour la piété et la foi de sa mère un sujet de douce consolation ; et elle n'en faisait pas mystère. Elle bénissait Dieu de ce qu'elle regardait avec raison comme une faveur du Ciel et une bénédiction pour sa famille. Un de ses parents, qui était loin de partager ses principes religieux, lui écrivit quelque temps après, à l'occasion de son fils aîné qui venait d'entrer dans la Compagnie de Jésus : « Veillez-y bien. Les Jésuites vous « ont déjà pris votre fils Arthur ; si vous n'y fai- « tes pas attention, ils prendront les autres. »

En répétant ces paroles à son neveu, la pieuse mère lui dit, les yeux élevés vers le ciel : « Le bon Dieu « m'a donné huit enfants: qu'il les prenne tous, et je « serai trop contente. »

A peine arrivée à l'âge de raison, Monique se

(1) Le Père Joseph Boullé.

joignit à ses frères et à ses sœurs, que ses parents
conduisaient chaque jour à l'église voisine, pour
assister au saint sacrifice de la messe. Cette pieuse
pratique, introduite dans plusieurs familles de la
ville, initiait peu à peu les enfants aux habitudes de
la vie chrétienne. Elle produisait encore un autre
effet salutaire. En voyant leurs parents approcher
très fréquemment de la sainte Table, ils apprenaient
à estimer davantage leur vertu, et cet exemple
devenait comme une invitation à mériter un jour la
même faveur.

Après une instruction que la jeune Monique avait
entendue sur la mystérieuse union de l'âme avec
Notre-Seigneur dans la sainte communion, elle éprouvait une vive impression chaque fois qu'elle voyait
sa mère approcher de la sainte Table. Elle était
absorbée par la pensée que le bon Dieu était
descendu dans son cœur. Elle aimait à raconter,
même dans un âge avancé, que, ces jours-là, dans
l'espérance de prendre quelque part au bonheur de
sa mère, elle aimait à se serrer le plus qu'elle pouvait
contre elle, persuadée qu'en même temps elle se rap-
prochait du bon Dieu. Elle adressait alors au Ciel
cette prière : « Mon Dieu, bénissez-moi, et accordez-
« moi la grâce d'être bien sage aujourd'hui. » La
journée tout entière restait comme embaumée de ce
précieux souvenir.

La compassion envers les malheureux germa de

bonne heure dans le cœur de la jeune enfant. Elle en avait tous les jours l'exemple sous les yeux dans sa famille si chrétienne. Le pauvre en approchait avec confiance et avec l'assurance de ne pas être rebuté. Suivant une pieuse coutume, il se tenait humblement à la porte extérieure, et révélait sa présence en même temps que sa demande, par la récitation à haute voix de quelques prières. Monique était souvent la première à s'apercevoir de cet appel à la charité, et son bonheur était de recevoir la mission de porter à l'indigent le pain de l'aumône.

Par une heureuse industrie de son zèle, le vénérable curé d'Auray, M. Deshayes (1), contribuait efficacement à entretenir ce sentiment, même dans les plus jeunes enfants. Il avait formé parmi eux une sorte d'association qui les constituait les trésoriers des pauvres, et il venait à certains jours pour régler leurs comptes. On voyait ces enfants guetter avec anxiété le moment de sa visite, pour lui remettre leur offrande que leurs parents se faisaient eux-mêmes un bonheur d'enrichir. Mais le bon curé ne se contentait pas d'un simple remercîment, et les yeux des enfants suivaient avec joie sa main qu'ils voyaient

(1) Monsieur Deshayes devint vicaire général de Vannes. C'est à lui que l'on doit la conservation du couvent des Carmes de Sainte-Anne, et de celui de la Chartreuse d'Auray. Il fut choisi plus tard pour supérieur général des Pères et des Frères de Saint-Laurent, et il est mort au milieu d'eux.

ouvrir son bréviaire, pour détacher quelque pieuse image, destinée à orner leur petit oratoire domestique.

L'estime dont jouissait cette enfant fit jeter les yeux sur elle pour remplir le rôle de la très sainte Vierge dans une représentation dramatique du mystère de la Nativité de Notre-Seigneur. Ces scènes pastorales, dont l'origine remonte aux grands âges de foi, se sont perpétuées jusqu'à nos jours dans nos religieuses populations de Bretagne. Monique remplit son rôle de manière à produire la plus salutaire impression. On admira sa modestie, son recueillement, la douceur angélique de sa figure. Tout en elle témoignait des sentiments dont son cœur était pénétré. Elle paraissait ne rien entendre et ne rien voir de ce qui se passait autour d'elle en dehors du mystère. Soixante ans plus tard, on a vu des témoins de ces scènes pieuses se rappeler avec bonheur l'intérêt qu'on y mettait, et les heureux effets qu'elles produisaient dans les cœurs.

Avec la vertu grandissait dans le cœur de Monique un attrait secret de la grâce dont elle ne se rendit pas d'abord bien compte, mais qui la poussait mystérieusement à se consacrer entièrement au service de Dieu. Elle ne le comprit bien qu'à l'époque de sa première Communion, vers l'âge de onze ans, et cette vocation céleste se présenta bientôt à elle, comme un besoin impérieux pour son âme. Elle voulait le cloître avec sa solitude et sa séparation du monde, avec ses œuvres de charité et de zèle, avec ses entretiens fréquents avec Dieu, en un mot avec sa vie d'abnégation, de sacrifice et d'amour.

En recueillant plus tard ses souvenirs sur l'action de la grâce dans son jeune cœur, elle se plaisait à rappeler l'impression que fit sur elle le récit des admirables vertus de S. Louis de Gonzague. Elle se sentit dès lors poussée à l'invoquer avec ferveur, et ce ne fut jamais en vain. Elle reconnaissait devoir à son intercession plusieurs grâces signalées, et en particulier sa vocation à la vie religieuse.

Monique avait communiqué à un directeur éclairé ses pensées d'avenir, et son attrait pour la vie religieuse, et celui-ci n'eut pas de peine à lui faire comprendre que ses désirs, tout louables qu'ils étaient, ne pourraient se réaliser que dans un horizon éloigné.

La pieuse enfant se résigna courageusement, et sa résolution fut bientôt prise ; son cadre lui était tracé par sa position. Elle allait travailler à se sanctifier sans quitter le toit paternel, au milieu de ses frères et de ses sœurs, tout en suivant en même temps les leçons d'une excellente institutrice de la ville, chargée de l'initier aux connaissances humaines qui convenaient à sa condition. Quelques-unes de ses résolutions nous donneront une idée de la vie de sacrifice que la piété, secondée par la grâce, inspirait déjà à ce cœur généreux. Nous y lisons : « Je me ferai un plai-

« sir d'aider le matin mes sœurs à s'habiller, et je le
« ferai par charité pour expier les fautes que je pour-
« rais avoir commises contre la complaisance. J'irai en
« classe ayant toujours mes affaires en bon ordre, et
« sachant toujours mes leçons ; j'éviterai de parler
« en classe. — Je ne me plaindrai pas, souffrant tout
« avec patience , puisque c'est Dieu qui le per-
« met. — J'emploierai tout mon temps par obéis-
« sance, en pensant que Dieu est présent et qu'il me
« l'ordonne. — Au retour, j'irai de suite dessiner, et
« je ferai ce que ma sœur me dira, que cela m'amuse
« ou non. Je m'appliquerai le plus qu'il me sera pos-
« sible pour plaire à mes parents et faire la volonté de
« Dieu. »

Après avoir atteint l'âge de quinze ans sans que ses
désirs du cloître eussent éprouvé aucune hésitation,
Monique crut le moment venu de demander à son père
la permission d'accomplir son pieux dessein. Quoique
profondément chrétien, celui-ci pensa qu'il était de la
prudence de mettre ce désir à l'épreuve, et, sans lui
dire d'y renoncer, il lui déclara qu'il lui fallait attendre l'âge de dix-huit ans, avant de le réaliser.

Quelque long que pût paraître un pareil délai pour
un cœur aussi résolu, l'enfant docile se soumit sans
hésiter, et prouva qu'elle était déjà capable d'héroïques
sacrifices. Elle reçut cette décision comme l'expression
de la volonté de Dieu, et comme une invitation à
mieux se préparer à l'appel divin. Elle voulut que sa

vie dans le monde se rapprochât le plus qu'elle pourrait de celle qu'elle espérait mener un jour dans le cloître.

Les règlements qu'elle s'imposa et qu'elle réalisait chaque jour, nous révèlent une âme déjà initiée aux secrets de la vie intérieure et à la vie d'abnégation. Elle se fait une loi de s'exercer au renoncement de sa volonté et à la mortification de ses sens. Elle travaille à détacher avec soin son cœur de tout ce qui pourrait la détourner de Dieu. « Elle veut pour sa « toilette être toujours contente de tout. Dans l'occa- « sion elle se fera un devoir de pratiquer la pauvreté, « surtout celle d'esprit et de cœur. »

Elle écrit encore : « Je veux en m'éveillant, ô mon « Dieu, vous donner mon cœur, mon âme et mon « corps, afin que vous daigniez y fixer votre demeure « tous les jours de ma vie. J'assisterai tous les jours à « la sainte Messe, à moins que par obéissance ou pour « quelque autre bonne raison, je ne m'en dispense. Je « ferai une lecture sur laquelle je veux réfléchir avec « le secours de Dieu. Je lui offrirai tous les matins ma « journée. Je me mettrai à mes devoirs toujours en « pensant à Dieu. Etant toujours en sa présence, « j'élèverai souvent mon cœur vers lui. Mon Dieu, je « désire agir toujours dans le dessein de vous plaire, « et de faire votre sainte volonté ; mais comme vous « savez que je ne puis faire ce que je désire sans votre « secours, régnez, agissez en moi, afin que tout soit

« pour l'amour de vous et par amour pour vous.

« Je veux dire un chapelet tous les jours, et le soir,
« si je ne peux pas aller à l'église, je ferai ma lecture
« à la maison ; je me coucherai en faisant quelques
« prières, et je tâcherai de m'endormir dans les Cœurs
« de Jésus et de Marie. Je veux éviter le monde et ses
« plaisirs, et ne m'y trouver que quand l'obéissance
« m'y obligera. Je communierai toutes les semaines.

« Voilà, mon Dieu, peu de chose pour vous, et
« beaucoup pour moi ; mais j'espère que, par les
« mérites de mon Sauveur Jésus-Christ, vous me
« ferez la grâce d'exécuter ces résolutions, si vous les
« jugez bonnes.

« O mon âme, il faut aimer ton Jésus. Lui seul
« peut te rendre heureuse. Quel bonheur, quand tu
« pourras lui dire : Vous avez donc satisfait mes désirs,
« Seigneur ; je suis toute à vous, soyez tout à moi !
« Mon Dieu, quand pourrai-je quitter tout pour
« trouver tout ? »

L'année 1826 fut l'année du jubilé, et la jeune
Monique la passa avec un redoublement de ferveur.
Poussée par l'esprit de Dieu, elle voulut faire au
Seigneur une offrande d'elle-même plus complète et
une consécration plus absolue. Il est même permis de
croire, d'après son langage, qu'elle prit alors avec le
Ciel des engagements plus sacrés encore que de simples
promesses. Voici sous quelle forme elle rend compte
de ce sacrifice, en 1827 : « Je n'oublierai pas que

« l'année sainte (1826) a été pour moi l'année des
« miséricordes du Seigneur ; que cette année-là j'ai
« renoncé au monde, à ses plaisirs, à ses biens, à ses
« honneurs ; — que j'ai choisi mon Dieu pour mon
« partage ; — que je me suis consacrée toute à lui et à
« son Sacré Cœur ; — que je ne suis plus·à moi, mais
« à Jésus et à Marie. Je me donne encore toute à vous,
« ô Jésus ! ô Marie ! Je viens renouveler en ce jour la
« consécration de tout mon être.

« Je laisse les plaisirs de la terre à ceux qui y trouvent
« du contentement. On excuse la jeunesse d'aimer le
« plaisir, comme si son cœur n'était pas fait pour vous,
« ô mon Dieu ! et comme si on pouvait trouver un
« vrai bonheur dans la vie du monde ! »

Avec de pareils sentiments on comprend sans peine
l'horreur que devait avoir son cœur pour la moindre
souillure. Un jour, elle crut avoir à se reprocher un
léger mouvement de vanité. A l'ouverture de la belle
saison, elle avait paru en public avec un très joli chapeau qu'elle portait avec grâce, et qui lui attira quelques paroles de flatterie. Elle résolut de s'en punir en
foulant aux pieds le respect humain. A la première
fête solennelle qui se présenta, elle parut en public et
elle alla assister aux offices de l'Eglise, avec un ancien
chapeau mis au rebut depuis longtemps.

Le même sentiment lui fit demander à Dieu pour
une jeune enfant, dont elle était la marraine, de l'enlever de ce monde plutôt que de la laisser tomber dans

un péché mortel. L'enfant mourut en 1827 à l'âge de huit ans, et la foi de Monique lui dicta à cette occasion cet acte héroïque de résignation : « Mon Dieu, je vous remercie ! Vous avez daigné exaucer mes vœux ! »

Cette même année, Dieu allait lui demander un sacrifice bien plus sensible encore pour son cœur. Elle perdit son excellente mère (mars 1827). Elle savait tout ce qu'elle devait à ses ferventes prières, à ses admirables exemples et à ses sages conseils : mais elle voit avant tout la volonté de Dieu, et sa résignation lui inspire cette pieuse exclamation : « Dieu soit béni de « ce qu'il daigne m'éprouver par la douleur, puisque « par là il me témoigne sa tendresse ! l'année 1826 fut « pour moi une année de grâces. C'était pour me pré- « parer à 1827, année de sacrifices. »

Monique, qui n'avait rien de caché pour sa mère, lui avait déjà communiqué son attrait intérieur et ses projets de vocation ; et celle-ci, loin de l'en détourner, ne lui avait adressé que des paroles d'encouragement et de confiance ; mais elle prévoyait les obstacles qui d'un moment à l'autre pouvaient surgir. Déjà depuis le mariage de sa sœur aînée et l'éloignement de la cadette pour se livrer à l'étude de la peinture, Monique était devenue comme le bras droit de sa mère ; cependant la santé de celle-ci paraissait chancelante depuis un certain temps, et faisait craindre avec raison une fin prématurée. C'est ce qui arriva en 1827, et Monique se trouva alors seule chargée de tous les soins domestiques (1).

La jeune maîtresse de maison se mit courageusement à l'œuvre, et vit dans ces événements qui semblaient déjouer tous ses projets d'avenir, une mystérieuse disposition de la Providence.

Pour mieux conserver le souvenir de sa mère et de sa direction, Monique avait pris soin d'en mettre quelques points par écrit, et d'en faire la règle de sa conduite. Nous y lisons : « Je l'ai entendue souvent gé- « mir sur les esclaves du monde et sur le poids des « chaînes qu'ils s'imposent. Elle m'a surtout recom- « mandé de ne jamais refuser l'aumône à un pauvre; « — de prendre soin des malades, et de panser les « plaies des malheureux; — de veiller à l'éducation de

(1) Anne Armel Lauzer de Kerzo, épouse de M. Martin, est morte à Paris le 14 mars 1827. Ses restes ont été rapportés à Auray, et inhumés dans le cimetière de cette ville.

C'est elle qui, lors des massacres du Champ-des-Martyrs, se tenant cachée dans les bois de Kerzo, essayait de sauver les émigrés qui avaient réussi à s'évader. L'un d'eux, le comte de Rieux, venait de franchir les paluds et mettait le pied sur une petite île en face de Kerzo, où il allait se trouver dans les bras de deux amis déjà cachés dans les bois, lorsqu'il est aperçu par des soldats, et qu'il tomba frappé d'une balle. La nuit suivante, il est déposé dans une tombe, là où, quatre siècles auparavant, un des ancêtres du comte périssait auprès de Charles de Blois. Une pierre marque encore l'endroit où fut enseveli le dernier des Rieux.

« mes sœurs et de les reprendre avec douceur et cha-
« rité ; — de m'informer souvent des besoins de papa
« et de mes tantes, et de m'occuper beaucoup de tous
« les détails du ménage. »

Cependant, au milieu de la vie active qu'il lui fallait mener, et de tant de préoccupations matérielles,
Monique nourrissait toujours son attrait pour la vie
religieuse, et ne négligeait aucun des moyens de l'entretenir. Elle avait ses heures de méditation, ses examens de conscience, ses lectures spirituelles, et surtout ses communions fréquentes et ses visites au Saint-
Sacrement. Elle étudiait la vie des Saints pour tâcher
de les imiter. Elle racontait, plus tard, comment elle
avait été instruite par sainte Catherine de Sienne sur
le moyen de rester toujours unie à Dieu. Elle formait
dans son cœur un pieux sanctuaire où Dieu seul ré-
gnait, et, au milieu de ses occupations extérieures, elle
savait se ménager des moments pour se retirer dans
cette solitude et s'entretenir avec lui.

Pour nourrir sa ferveur et réveiller son attention,
elle portait toujours sur elle trois objets de piété :
1. un petit crucifix, afin que l'image de son Sauveur en
croix soutienne son courage dans toutes les difficultés ;
2. le scapulaire de la très sainte Vierge comme gage de
dévotion envers elle et de sa confiance ; et 3. son chapelet qu'elle récitait tous les jours.

Avec de pareilles dispositions on ne s'étonne pas
de la voir fuir les fêtes du monde et ses plaisirs

même les plus légitimes. Elle ne faisait pas mystère de ses répugnances, et elle les manifesta même avec éclat dans une circonstance solennelle. Comme premier magistrat de la ville, son père avait pris une part active à une fête patriotique, qui avait attiré à Auray beaucoup d'étrangers de distinction. Il donna une soirée en leur honneur. Monique lui fit de vives instances pour obtenir de n'y pas paraître: mais en vain. Elle y alla donc ; et pour que cet acte fût en même temps un acte d'abnégation et de pénitence, elle se présenta avec le vêtement le plus simple, qu'elle portait tous les jours, et qui ne servait que pour l'intérieur de la maison. A la vue de cette étrange toilette, son père très mécontent lui dit en la renvoyant : « Mortifiez-vous si vous le voulez, mais ménagez davantage l'amour-propre de vos parents ! » Monique se retira aussitôt, et courut au pied de son crucifix s'entretenir avec son Sauveur, et renouveler ses actes de renoncement au monde et à ses plaisirs.

Ses moments de loisir étaient surtout consacrés aux œuvres de charité, et au soin des malades. Elle aimait les pauvres, et voyait en eux des images de Jésus-Christ. Elle était fidèle à la recommandation de sa mère de les secourir toujours. Mais la dignité du pauvre aux yeux de sa foi sembla grandir encore quand elle vit un jour deux religieux venir demander l'aumône au nom de Jésus-Christ.

C'étaient deux Pères Jésuites du petit séminaire de

Sainte-Anne. Ils allaient faire leurs derniers vœux, et, suivant la règle de l'Ordre, ils devaient auparavant demander l'aumône. Le père de Monique, qui connaissait cet usage, la chargea de leur porter son offrande, deux morceaux de pain et deux sous pour chacun de ses enfants. Elle les trouva arrêtés à la porte de la maison dans la posture des pauvres, et elle fut si pieusement émue en les abordant, qu'elle tomba à genoux, et versa des larmes abondantes.

Par le soin des malades et des infirmes elle préludait aux œuvres qui devaient dans sa vocation la consacrer au soulagement des malheureux. C'était une sainte coutume dans la famille de sa mère, surtout à la campagne (1) très éloignée de l'église, de donner à ces soins une partie de l'après-dîner du dimanche. On raconte que la première fois que Monique, encore jeune, assista à un pansement fait par sa mère, elle fut tellement impressionnée qu'elle tomba en faiblesse. Il s'agissait d'une plaie affreuse qu'une vieille femme avait à la main. Malgré son courage, la sensibilité de la jeune fille n'en put soutenir la vue ; cependant elle ne se laissa pas décourager. Elle renouvela son épreuve, et triompha de la nature.

(1) La famille habitait Kerzo, en face du Champ-des-Martyrs. Cette propriété était dans la famille Lauzer de Kerzo depuis 1650. Elle appartient aujourd'hui à M. Joseph Martin d'Auray, député du Morbihan.

II

VOCATION.

Tout en nourrissant la pensée bien arrêtée de se consacrer à Dieu dans le cloître, Monique ne jetait les yeux sur aucun Institut en particulier. Elle voyait dans l'Eglise de nombreuses congrégations religieuses, toutes sœurs par la fin générale où elles tendent et les principaux moyens de l'atteindre, mais très variées entre elles par leur costume, leurs règles et les œuvres qu'elles embrassent. Elle demandait au Ciel de l'éclairer ; elle avait toujours le désir d'entrer dans un Institut qui porterait le nom de Jésus, et qui serait très dévoué à la très Sainte Vierge. En même temps sa pensée la poussait à s'éloigner de son pays natal, afin de rendre son sacrifice plus complet.

Cependant, pénétrée d'une sage défiance de son propre jugement dans une affaire de cette importance, elle consulta le directeur de sa conscience, et celui-ci, bien au courant de toutes les circonstances, lui déclara sans hésiter qu'elle devait entrer chez les Hospitalières d'Auray, qui portaient le nom *de la Miséricorde de Jésus*, et qui étaient très dévouées à la Mère de Dieu.

(1) Voyez, p. 129, une notiee sur les *Religieuses de la Miséricorde.*

Cette décision fut pour Monique une parole du
Ciel, et il ne resta plus d'hésitation dans son
esprit.

En commençant l'année 1823, qui devait voir se
compléter ses dix-huit ans, la pieuse jeune fille sentit ses
espérances devenir plus ardentes, et elle les consigna
dans quelques paroles admirables de ferveur : .....
« Voilà encore une année de passée, ô mon Dieu ! J'en
« commence une autre qui sera peut-être la dernière.
« Faites-moi la grâce d'expier le passé, de sanctifier le
« présent, et je laisse l'avenir à votre miséricorde.
« Régnez sur mon cœur, ô divin Cœur, ô divin Jésus !
« Faites que je ne vive plus que pour vous, et que je
« sois à vous entièrement et pour toujours ; surtout
« ne rejetez pas mes supplications. Je vous importu-
« nerai pour obtenir ce que mon cœur désire unique-
« ment, surtout depuis 3 ans, où il s'ouvrit à ma chère
« maman. Mais, encore trop indigne (je le serai tou-
« jours), vous voulûtes éprouver ma persévérance.
« S'il faut encore plus d'épreuve, envoyez tout ce
« qu'il sera en mon pouvoir de supporter, afin d'aller
« à vous le plus tôt possible. Oh ! quelle douce espé-
« rance de penser que cette année commencera mon
« bonheur de vie religieuse ! »

A l'approche du moment où Monique espé-
rait avec raison trouver enfin une pleine liberté pour
suivre l'appel divin, elle se trouva en présence d'un
obstacle qui semblait déjouer complètement ses pro-

jets, et renvoyer leur réalisation à un avenir tout à fait incertain.

Sa mère venait de mourir. Son père ne pouvait se reposer que sur elle pour la tenue de sa maison, l'éducation de deux jeunes sœurs, et la sollicitude des soins domestiques. Cet embarras n'échappa pas à celle de ses sœurs (1) que ses études de peinture tenaient éloignée du toit paternel ; mais tel était son amour pour sa jeune sœur, et sa conviction de la vocation céleste, qu'elle vint généreusement prendre sa place près de son père, et briser ainsi les liens qui la retenaient captive.

Cet acte héroïque de dévouement fraternel ne s'effaça jamais de la mémoire de Monique ; et, quand elle apprendra, cinquante ans plus tard, la mort de cette sœur généreuse, nous verrons tout ce que son cœur conservait pour elle d'affection et de reconnaissance.

L'heure attendue depuis si longtemps allait enfin sonner, et Monique voulut la prévenir en s'offrant à la Communauté dans laquelle elle voulait entrer. Son admission ne présenta aucun obstacle. La jeune postulante n'était pas une inconnue à l'hôpital. Elle avait eu déjà des rapports fréquents avec plusieurs religieuses, et sa réputation l'avait devancée. Elle obtient ce premier triomphe le 27 avril, et elle pousse ce cri de reconnaissance : « Miséricorde de mon Dieu ! soyez « bénie à jamais ! Enfin, divin Sauveur, vous voulez

______

(1) Mme Guépin, morte à Saint-Brieuc en 1879.

« bien me recevoir ! Quel bonheur pour une péche-
« resse comme moi ! Oui, vous ne me laissez donc
« plus dans l'incertitude ! Vous choisissez mon âme pour
« votre épouse ! Donnez-moi les grâces nécessaires
« pour bien exécuter ce que vous me demandez. Mon
« Dieu, recevez cette victime qui va s'enchaîner pour
« vous. O douces chaînes, qui feront mon bonheur ! »

Cependant le père de Monique avait étudié ses dispositions, et il s'était convaincu tous les jours davantage de la vérité de sa vocation. Il ne crut pas
devoir attendre l'anniversaire de son baptême, et il lui
donna une pleine liberté le 1er mai 1828. Voici
avec quel transport de joie elle en parle dans son
journal : « 1er mai. Mon Dieu, papa consent ! Oh !
« quel bonheur ! Je serai toute à Celui qui s'est donné
« si souvent tout à moi ! Vous m'aviez faite pour
« vous, Seigneur, et il est grand temps que je quitte
« ce monde, qui n'a plus aucun attrait pour moi.
« Que vous êtes libéral, mon Dieu ! Pour ce petit
« sacrifice vous daignez me faire goûter par avance
« ces délices dont vous enivrez ceux qui vous aiment.
« Aimable Maître, qui voulez bien me gager à votre
« service, je vous en prie, si ce n'est pas contre votre
« sainte volonté, avancez l'heureux moment où je
« me sacrifierai à vous. O Marie, pourrai-je jamais
« publier dignement combien je vous aime, et que
« je vous suis redevable de mon bonheur ? C'est sous
« vos auspices que j'ai obtenu ma demande. »

III

COUVENT. — NOVICIAT.

Nous ne connaissons pas les obstacles qui empêchèrent l'exécution immédiate du pieux projet ;
elle fut retardée jusqu'au 11 septembre suivant.
Ce jour-là la future religieuse quitte la maison pa-
ternelle, et, la joie dans l'âme et le doux sourire sur
les lèvres, elle franchit le seuil sacré de l'asile qu'elle
devait habiter le reste de ses jours. Elle se présentait
avec un grand cœur et une volonté résolue, *corde
magno et animo volenti,* comme ces Juifs fidèles, qui
s'attachèrent à la suite des Machabées. Au témoignage
de S. Bernard, cette force d'âme unie à la constance
de volonté donne à la vie religieuse le caractère du
martyre, moins effrayant en apparence que celui du
sang, mais souvent plus redoutable par sa durée.

Le sentiment qui semble avoir dominé en ce moment dans le cœur de la jeune postulante, fut celui d'une très vive reconnaissance envers Dieu,
caractère ordinaire des cœurs généreux. Elle écrivait
pour en conserver le souvenir : « Pourrais-je oublier
« le Dieu bon, le Dieu patient, le Dieu riche en misé-
« ricorde ? Que n'a-t-il pas fait pour préparer, pour
« déterminer et pour consommer l'œuvre de ma

« vocation, en m'attirant, me sollicitant, me pressant
« devant tous les obstacles, et dirigeant mes pas vers
« ce saint asile, où il veut que je sois à lui sans
« partage ?

« Oh ! que je répéterai de bon cœur ces douces paro-
« les du Prophète : C'est ici le *lieu de mon repos, j'y*
« *demeurerai parce que je l'ai choisi.* Je sens déjà,
« ô mon Dieu, combien votre joug est doux et votre
« fardeau léger. »

Le temps du postulat se prolongea jusqu'au 28
janvier 1829, qui fut le jour de sa prise d'habit.

A la nouvelle de ce grand fait accompli, son frère
Arthur (1), déjà consacré au service des autels depuis
plus de 12 ans, se hâta de lui envoyer quelques
paroles de félicitation et de pieux encouragement. Il
savait par expérience les luttes que l'Enfer ne manque pas de livrer aux âmes qui veulent faire à Dieu
un sacrifice complet d'elles-mêmes, et il voulait l'aider
à s'y préparer. « Si le monde plaint notre sort, lui
« écrivait-il, c'est qu'il ne le connaît pas. Il n'aper-
« çoit que ce qui paraît dur et pénible avec tous les
« efforts qu'il faut faire pour dompter sa volonté et
« faire plier son caractère. Il ne voit que répugnance à
« vaincre, nature à contrarier et à soumettre ; mais il

(1) Le P. Arthur Martin , de la Compagnie de Jésus, auteur
de la Monographie des vitraux de la cathédrale de Bourges,
des Mélanges archéologiques, des Litanies de Notre-Dame
de Lorette et du Pèlerinage de Sainte-Anne d'Auray, etc.

« ne connaît pas l'onction de la grâce qui adoucit les
« difficultés. Il n'a jamais goûté, comme les cœurs
« qui se donnent tout entiers à Dieu, la paix et la
« vraie joie de l'âme.

« Votre noviciat passera vite. Faites des provisions,
« faites-les bonnes et amples, car c'est un temps de
« récolte dont la richesse doit servir toute la vie à ceux
« qui en profitent bien. Je vous vois déjà intrépide
« auprès des malades. Qu'en dit le cœur ? La
« grâce donne des forces que la nature n'aurait pas
« par elle-même. La foi nous montre des âmes à sau-
« ver, et Jésus-Christ à soulager dans ses membres
« souffrants. »

Elle a recueilli, pendant une des retraites de son
noviciat, un principe salutaire, dont elle tira admira-
blement parti pour elle-même d'abord, et dont
elle se servira plus tard avec grand avantage pour la
direction des autres. « Il faut, lui avait-on dit, cher-
« cher Dieu et le goûter en toutes choses ; mais il
« faut aller à lui par la confiance et l'amour plus
« que par la crainte. Ainsi je dois prendre garde de me
« laisser aller au découragement à la vue de toutes
« mes fautes ; et dès que je m'apercevrai que je suis
« tombée, je remercierai Dieu de vouloir bien me
« montrer ce que je suis. Je m'humilierai, puis je me
« jetterai dans les bras de la miséricorde aux pieds de
« Jésus, ne devant pas souffrir en moi le moindre

« manque de confiance, assurée qu'alors je reculerais
« au lieu d'avancer. »

Elle résumait cette sage doctrine en trois points :
1° ne jamais se laisser aller au trouble ni perdre
courage ; 2° recourir à Dieu avec confiance ; 3° combattre avec patience et générosité.

Rien ne manqua à la sainte ardeur et à la bonne
volonté de la jeune novice. Aussi fut-elle bientôt
initiée à son nouveau genre de vie, qui répondait si
bien à ses désirs. Pour apprécier ce travail de formation, il nous faudrait maintenant la suivre dans
toutes les phases de sa nouvelle situation. Elle va
passer par toutes les épreuves d'usage, qui aideront à
constater ses heureuses dispositions, et qui l'exerceront peu à peu aux œuvres qui doivent remplir la vie
de la bonne religieuse et de la sainte Hospitalière.
On lui met dans les mains l'Institut avec ses règles,
pour qu'elle se pénètre bien de son esprit, et qu'elle
travaille à en reproduire en elle tous les traits. Le noviciat est un moule dans lequel le jeune candidat est
comme jeté, et d'où il doit sortir avec une forme
nouvelle, mais forme qui n'est pas permanente et inaltérable, comme celle que reçoit le plâtre ou le bronze.
Il faut la sanction du temps pour transformer l'exercice de la vertu en habitude, et ce travail est celui
de tous les jours de la vie.

Un petit trait de ses résolutions nous donne une
haute idée des sentiments qui l'animaient : « Mon

« intention et mon désir, écrit-elle, sont : 1° d'accepter
« en esprit de pauvreté et comme en aumône tout ce
« qu'on fera pour moi, et tout ce qu'on me donnera ;
« 2° de me laisser conduire comme un enfant avec
« simplicité ; 3° de n'agir en tout que par obéissance,
« désirant m'offrir sans cesse en sacrifice afin que
« ma vie soit un sacrifice continuel. »

Il nous est permis de regretter de ne pas pouvoir
suivre ce cœur généreux dans le détail de ses œuvres
de chaque jour, de constater ses efforts persévérants et
ses progrès dans la vie spirituelle ; or comment
faire revivre un passé si loin de nous ? Les Mères qui
dirigèrent sa jeunesse religieuse, et qui furent les con-
fidentes des mouvements de son cœur, et les sœurs
elles-mêmes, compagnes et témoins de ses premiers
pas, ont disparu de la scène du monde, sans que
nous puissions recourir à leur témoignage. Nous
n'avons, pour juger les heureux fruits de son
noviciat, qu'une longue carrière riche en bonnes
œuvres et embaumée de vertus. Mais avouons que ce
témoignage vaut à lui seul l'autorité de tous les
autres.

Cependant, malgré notre pauvreté de documents,
nous avons pu trouver un fait, qui montre comment
la Providence fait surgir les épreuves dans les exercices même qui semblent d'une bien minime importance, et comment la vertu sait en triompher. Les
novices devaient se rendre capables de prendre une

part aux exercices du chœur et aux chants de la liturgie. La Sœur Saint-Stanislas, peu favorisée sous le rapport de la beauté et de la justesse de sa voix, avait besoin d'exercice et de leçons spéciales. Or il arrivait quelquefois que ses compagnes, témoins de ses efforts, riaient de son peu de succès, et ne ménageaient pas leurs petites plaisanteries. Ces innocentes critiques ne laissaient pas d'être sensibles au cœur de la jeune novice, et elle a avoué, depuis, qu'il lui fallut plus d'une fois recourir aux grands motifs de la foi, pour ne pas mettre fin à son épreuve. Elle vit là une occasion favorable de remporter une victoire sur son amour-propre, et elle sut en profiter.

IV

PROFESSION. — VERTUS RELIGIEUSES.

Cependant le temps du noviciat touchait à son terme, et l'admission de la sœur Saint-Stanislas à la profession fut immédiatement résolue par le Chapitre, et sans hésitation. Ce fut le 18 février 1830 qu'elle s'immola à jamais au service de Dieu par les vœux de religion, et qu'elle prit rang dans la nouvelle famille qu'elle allait édifier pendant de longues années, et à la prospérité de laquelle elle devait avoir une part si active. La Communauté comptait alors quinze religieuses. A la veille de son sacrifice, Monique écrivait dans un saint transport : « Mon âme, ô mon « Dieu, ressent en ce moment une joie extrême que je « ne puis exprimer. Etre à Dieu, n'aimer que Dieu, « ne servir que Dieu ! quel bonheur ! Souffrir, il est « vrai, mais après et avec un époux divin ! »

Peu de temps après, son frère Arthur lui exprimait la joie qu'il éprouvait, sans ménager ses conseils. « Dans l'impossibilité, lui disait-il, de vous écrire « avant votre profession, j'ai voulu du moins m'en « occuper le jour que vous avez choisi pour vous « immoler au service de Dieu. Je le fais avec conso-« lation, en pensant à votre bonheur auquel je prends « une grande part, car il fait aussi partie du mien. « Dieu soit béni d'avoir fécondé votre cœur des eaux « salutaires de sa grâce ! Je ne vous parle plus de « sacrifices. Celui que vous venez de faire les renferme « tous. Oh ! que l'héritage que vous avez reçu en « échange de celui que vous avez quitté est encore « bien au-dessus de vos sacrifices ! Dieu peut-il deman-« der trop de vous après de pareilles faveurs ? Il faut « un grand cœur au service d'un si grand Maître, et « surtout un cœur tout embrasé d'amour, afin que la « générosité de ses sentiments supplée à la petitesse « de ses services. Vous voilà pour toujours séparée du « monde, et dans la nécessité de n'avoir plus que Dieu

« pour Maître. Que nous serions heureux si, nous trou-
« vant dans une région toute nouvelle, le fond de notre
« cœur fût aussi tout renouvelé , en sorte que
« non seulement nous mourions au monde, mais que
« le monde mourût aussi pour nous ! Vous le
« savez déjà, le changement de notre cœur n'est pas
« l'ouvrage d'un jour, et le lieu d'exil et de combat
« où nous sommes, ne nous apprend-il pas assez que
« jusqu'au jour du repos, il nous faudra sentir le
« poids de la nature, qui, abandonnée à elle-même,
« ne semble convoiter que le chemin du mal, et
« être bien persuadés que nous ne devons jamais
« ralentir notre course, ni nous arrêter, comme si
« nous étions au terme ? Courage donc, puisque
« vous avez généreusement commencé ! Baisez
« souvent les saintes chaînes que le Seigneur dans
« sa miséricorde ne vous a pas jugée indigne de
« porter, et qui doivent un jour faire le plus bel orne-
« ment de votre couronne... Soyez même aux aguets
« pour ne laisser échapper aucun moyen de croître en
« vertus et pour faire fructifier la plus petite des grâces
« que le Ciel vous envoie. Ayez de l'ambition. Pour-
« rait-on trop en avoir quand il s'agit du Ciel, puis-
« que tant d'hommes en ont sans mesure pour les
« biens de la terre ?

« Je vous quitte, mais retrouvons-nous souvent
« dans le centre commun du véritable amour. Que
« notre vraie demeure soit le Cœur adorable de Jésus,

« et que notre unique soin soit de l'aimer et de le faire
« aimer !... »

La pieuse cérémonie de la profession religieuse
d'une enfant de la ville, déjà si avantageusement connue, avait attiré un nombreux concours, non seulement des membres de sa famille et de ses amis, mais
aussi des habitants. La Mère Saint-Stanislas aimait à
raconter comment devant cette assemblée imposante,
et au milieu des cérémonies sacrées, elle se trouva
très émue quand elle prit ses engagements solennels.
« Je voulus, écrit-elle, prononcer mes vœux le plus
« distinctement possible, malgré le tremblement que
« j'éprouvais, pour prouver à toutes les personnes
« présentes que je les faisais de tout mon cœur. J'es-
« père, ô mon Dieu, que tous les pas que j'ai faits
« dans le chœur, n'auront servi, comme je le désirais,
« qu'à me faire avancer vers vous ; que tous les saluts,
« toutes les prostrations ont été un témoignage pu-
« blic que je vous reconnaissais comme mon souve-
« rain Seigneur, et que moi je n'étais qu'un peu de
« boue, digne d'être foulée aux pieds ; enfin par mes
« paroles, par le chant, j'aurais voulu vous faire con-
« naître, aimer et louer de toutes les créatures, et com-
« mencer sur la terre le cantique de vos louanges que
« j'espère continuer dans le Ciel ; dans le baiser de
« paix donné à mes sœurs, je renouvelais ma joie de
« me voir admise au nombre des épouses du Sauveur,
« et de demeurer, le reste de mes jours, dans leur

« compagnie, afin d'être avec elles dans la Jérusalem
« céleste. »

Bien que très uniforme dans son ensemble et dans
sa nature, la vie religieuse ne laisse pas de faire passer
ses membres par des situations qui varient et se modi-
fient avec les circonstances. Un couvent est un petit
monde avec son organisation complète, où chacun,
selon son aptitude et le besoin, doit avoir sa part
d'action, et contribuer par son concours au bien
commun. Cette variété de rang qui n'est due ni à l'in-
trigue, ni à l'ambition, ni à l'intérêt humain, fait que,
dans les postes élevés comme dans les travaux les plus
humbles, on ne voit dominer que la préoccupation
de s'acquitter de son mieux de son devoir, et de contribuer ainsi à l'harmonie de l'ensemble.

Plus qu'aucune autre peut-être la sœur Saint-Stanislas verra s'écouler sa vie religieuse dans les fonctions les plus variées. La divine Providence l'a ainsi
permis dans l'intérêt de ses sœurs, et aussi pour
faire briller davantage ses heureuses qualités, et
donner occasion de mieux apprécier sa vertu. Elle
passa d'abord par les rangs de simple religieuse, n'ayant
à s'occuper que de ses devoirs personnels ; puis elle
fut appelée à remplir sucessivement tous les offices
qui se rencontrent dans une Communauté nombreuse,
depuis les plus humbles jusqu'aux plus importants, et à la supériorité même.

Malgré sa bonne volonté, il semble que, dans les premiers temps, elle fut plus d'une fois troublée par son excessive timidité et le sentiment exagéré de sa faiblesse. Elle en parla à son frère Arthur, et celui-ci releva son courage par cette réponse : « Jamais nous « ne verrons trop profondément dans l'abîme de notre « néant, et jamais aussi vous ne mesurerez trop « largement l'immense étendue de l'amour de Dieu. « Voilà, vous le savez, les deux roues de notre char. « On avance avec confiance quand on pense que « Dieu est là pour aider notre bonne volonté et suppléer « à ce qui lui manque, et on n'est pas sans défiance « quand on sent si bien qu'un seul instant « d'abandon suffirait pour tout détruire. Mais c'est « une défiance bien éloignée de la pusillanimité, et une « confiance bien éloignée de la présomption. S. Ignace « donne cette règle, que dans tout ce que, nous voulons « faire, nous devons mettre en Dieu notre con-« fiance, comme si le succès dépendait de nous seuls et « non de Dieu, et cependant mettre la main à l'œuvre « avec l'intime persuasion que nous ne pouvons rien, « et que Dieu fait tout. Partout où nous avons « passé, et où il a paru quelque chose de défectueux, « reconnaissons le cachet de notre misère, et sachons « rendre à Dieu la gloire de ce qui est bien. Dieu est « alors servi sans inquiétude et sans trouble, et on « veille à lui conserver un cœur plein de bonne « volonté et toujours disposé à lui en donner des « preuves dans la voie de l'obéissance. Ainsi courez

« toujours à la suite de votre divin Epoux. Bénis-
« sez-le dans vos peines et dans vos joies, dans les lu-
« mières qu'il vous donne comme au sein des plus
« épaisses ténèbres, au pied de la Croix comme sur le
« Thabor; partout nous trouvons le même Dieu qui
« nous aime. »

Pour bien connaître la Mère Saint-Stanislas, nous
l'étudierons comme simple religieuse, puis nous la
verrons dans la fonction de Maîtresse des novices
et enfin dans celle de Supérieure.

Une fois admise dans les rangs des épouses de Jésus-
Christ, la nouvelle religieuse n'avait qu'une préoccupation : c'était de répondre de son mieux à sa vocation, et de travailler à s'y perfectionner tous les
jours. Pour constater ces efforts et apprécier ces progrès, il serait fastidieux et d'ailleurs impossible de suivre pas à pas l'âme religieuse dans l'uniforme série
des occupations de chaque jour. Il nous a semblé
plus utile et en même temps plus sûr de nous atta-
cher à quelques vertus principales, et à l'accomplissement des devoirs qui exercent le plus d'influence dans
cette vie de sacrifice.

Sans s'en douter, la sœur Saint-Stanislas nous a tracé
elle-même le cadre que nous avons à remplir : nous le
trouvons dans les résolutions qu'elle avait l'habitude de
mettre par écrit à la suite de sa retraite annuelle, et
même simplement dans les jours de récollection ou
de triduum que la règle ou la ferveur plaçait à cer-

taines époques de l'année. C'était comme une revision
des comptes de l'âme pour supputer ses pertes ou son
gain, et prendre des mesures pour préparer l'avenir.

Celles que nous avons eu le bonheur de recueillir,
donnent lieu à des remarques très sages, et qui
caractérisent un point de vue pratique. — Elles sont
courtes et peu nombreuses, et par conséquent plus
faciles à retenir et à renouveler. — Elles ne sont
souvent que la répétition des résolutions précédentes ;
nous voyons que même à un âge avancé elle ne fait
pas difficulté de se remettre sous les yeux celles de sa
jeunesse quand elles étaient importantes. — Enfin elles
ont pour objet les points fondamentaux qui font la
bonne religieuse.

Nous citerons pour exemple les résolutions de 1877,
qu'elle avait déjà renouvelées bien des fois. « Je sors de
« cette retraite bien convaincue, il me semble, de mon
« néant et de mon impuissance, comme de mon pen-
« chant au mal et de mille difficultés pour le bien,
« mais résolue de persévérer toujours dans le combat
« et le travail, pour mieux pratiquer les résolutions
« que j'ai renouvelées voilà plusieurs retraites, et
« dont je comprends de plus en plus l'importance.
« C'est donc : 1º de m'appliquer avec toute la bonne
« volonté possible à mes exercices spirituels, oraisons,
« examens, lectures, sainte messe, chapelet, sacre-
« ments ; — 2º de pratiquer la charité surtout envers
« mes sœurs. en pensées, en paroles et en action, avec

2

« patience, douceur, humilité, renoncement et dévoue-
« ment ; — 3° de combattre la nature, mon amour-pro-
« pre, mon activité naturelle, mon immortification...
« mes préoccupations, la recherche de mes goûts... »

La sœur Saint-Stanislas se fit remarquer tout d'a-
bord par sa ponctuelle exactitude à toutes les observances religieuses. Le son de la cloche était pour elle
le signe de la volonté de Dieu ; et accomplir cette
volonté sainte aussi parfaitement que possible, était
l'ardent désir de son cœur. Avec ce sentiment on
comprend quel devait être son amour pour ses règles,
même pour celles qui paraissaient les moins importantes, et son zèle à les observer. La parole de Notre-
Seigneur à sainte Madeleine de Pazzi lui en avait
révélé tout le prix : « Vous aimerez vos règles et vos
« vœux autant qu'il faut que vous m'aimiez moi-
« même. »

Cette fidélité lui demanda quelquefois des sacrifices
pénibles pour la nature ; mais ils ne coûtaient pas à son
cœur qui y voyait la volonté de Dieu. Elle avoua
qu'après cinquante ans de vie religieuse, elle trouvait
toujours le lever à 4 heures du matin difficile ; cependant elle ne vit jamais là une raison pour en demander dispense. A une certaine époque surtout, où, par
suite d'une maladie de cœur, ses jambes la servaient
très mal, il était touchant de la voir après son lever se
hâter de se rendre au chœur comme en trébuchant et
en s'appuyant sur la muraille. Elle trouvait ainsi le

moyen, avant l'oraison, de gagner l'indulgence du Chemin de la Croix pour les âmes du Purgatoire, qui étaient toujours un des grands objets de sa charité.

Cet esprit de régularité l'empêchait, à moins de raisons graves, de tenir compte des considérations humaines ou de son intérêt personnel. « J'ai été vivement frappé de sa régularité, raconte une de ses nièces qui allait quelquefois la visiter. Quand nous étions seules, même après peu de temps, ou dans une conversation animée, si la cloche sonnait, elle terminait en peu de mots, disant aimablement : « Chère enfant, la cloche du devoir m'appelle où je vais trouver le Seigneur. Je prierai le Seigneur de te dire ce qui est nécessaire à ton âme, ou reviens une autre fois et à un autre moment. » Je ne l'ai pas vue une seule fois en défaut, et je n'ai jamais surpris sur sa figure un air contrarié. »

Le même motif la fit souvent ne pas assister avec la Communauté au repas des pauvres, servi le Jeudi-Saint après la pieuse cérémonie du *Mandatum*. On y admettait quelques séculiers, et quand la Mère Stanislas prévoyait y rencontrer quelque membre de sa famille, elle ne voulait pas s'exposer à sortir du recueillement et du silence que la règle prescrit à cette époque.

Elle donnait même sans respect humain cette excuse, quand elle était appelée sans nécessité au parloir, à l'époque du Carême ou de l'Avent, et, après quelques mots, elle trouvait moyen de se retirer sans blesser **personne.**

Cette régularité de la Mère Saint-Stanislas n'était au fond qu'un acte continu d'obéissance, vertu caractéristique et indispensable pour toute âme religieuse. On trouve bien l'obéissance dans le monde, dit l'auteur de l'*Imitation*, mais l'obéissance par nécessité et non par amour de Dieu. Celle-ci seule peut donner la paix et la liberté d'esprit. « Avec elle, dit saint Jean Climaque, la vie est sans préoccupation, notre navigation toujours sûre ; notre voyage se fait sur les épaules d'un autre. »

Quoiqu'elle ait eu pendant bien des années la charge de conduire les autres, elle ne perdait rien de son amour et de sa fidélité pour les règles. Quand elle déposait le fardeau de la supériorité, on la voyait rentrer dans l'ordre commun avec autant de simplicité que si elle ne l'eût jamais quitté. Elle reprenait de suite l'obéissance comme l'aurait fait une fervente novice ; elle ne se montrait jamais plus soumise, plus dépendante, plus fidèle à demander les moindres permissions à genoux avec la plus grande régularité. Le besoin d'obéissance, autant que le sentiment de l'humilité, lui faisait éprouver de la peine quand les Supérieures lui donnaient une certaine latitude pour agir dans son emploi. Selon son idée, elle aurait voulu n'avoir pas de volonté, ou pouvoir deviner celle des Supérieures.

Cette soumission n'éclata jamais plus que lorsque, à cause de son état de santé ou de son âge avancé, on crut prudent de ne pas la laisser continuer à veiller les malades tous les dimanches, comme elle le faisait depuis bien des années, et seulement à son tour comme les autres. Elle fit son sacrifice avec générosité, mais son bonheur était d'être avec les malades.

Elle accepta dans le même esprit la privation qu'on lui imposa, à une époque, de tous les actes de la pénitence chrétienne et religieuse. Elle n'en tient compte, dans une note, que pour rendre sa soumission plus complète. « Il faut tuer mon esprit sans chercher ni « jeûne, ni maigre, ni veilles que quand on voudra. « N'agir que pour Dieu et comme Dieu le veut. et que « ma Supérieure le désire, acceptant surtout les mor- « tifications et contrariétés qui se présentent (froid, « chaleur, fatigue). »

Elle savait tirer profit d'un principe salutaire qu'elle avait souvent suggéré aux autres : c'est que les croix les meilleures pour nous sont celles que nous trouvons dans l'accomplissement de nos emplois. Elle donne cette forme gracieuse mais résignée à celle qu'elle rencontra dans la fonction d'infirmière : « A l'in- « firmerie, ce n'est pas la fatigue qui me gênera le plus : « ce sera d'y rester le plus possible, d'après le dé- « sir de notre Mère. Adieu donc encore cette année à « la vie recueillie et silencieuse ; car là il faut parler « continuellement. Adieu ma cellule que j'habiterai « rarement le jour ; mais je serai où Dieu m'appelle. « Que voudrais-je autre chose ? J'entrevois là beau- « coup d'occasions distrayantes et gênantes, et aussi

« beaucoup de moyens de me renoncer, et de faire
« une pénitence ménagée par la Providence ! » Cette
vie habituelle de sacrifice lui avait toujours paru
un des caractères essentiels de la vie religieuse, et
c'est ce qui lui fit tant goûter une instruction qu'elle
entendit en 1848, dans laquelle la religieuse était com-
parée au martyr. Elle en conserva l'analyse détaillée.

« Quand j'étais jeune, dit-elle, j'ai désiré le martyre ;
« je n'avais pas compris que dans la vie religieuse
« je pouvais en mériter la gloire. Les martyrs ont cinq
« principales épreuves. 1° On les dépouille : c'est ce
« que fait le vœu de pauvreté, et avec plus de rigueur ;
« il enlève même le désir de posséder. 2° On les lie et on
« les charge de chaînes : ainsi le vœu d'obéissance et
« la pratique des règles nous ôtent notre liberté. 3° On
« leur fait endurer tous les genres de tourments : c'est
« pour nous le vœu de chasteté, avec la vie mortifiée
« et la privation des plaisirs de ce monde. 4° On les
« enferme dans des prisons et des cachots : la clôture
« met aussi entre nous et le monde une barrière in-
« franchissable. 5° Enfin on les fait mourir : ici, notre
« vie doit être une mort continuelle : c'est le *quotidie*
« *morior, je meurs tous les jours*, de saint Paul. Nous
« ne sommes pas venues au monastère pour vivre,
« disait sainte Thérèse, mais pour mourir pour Jésus-
« Christ. »

Avec un pareil esprit, comment s'étonner de sa disposition au sacrifice ? Après une période de supériorité,

elle avait le désir de la vie oubliée et cachée. « Cepen-
« dant », écrit-elle, « je veux que Dieu fasse de moi ce
« qui lui plaira, et je suis prête à aller dans un emploi
« dissipant et contraire à mes goûts. Mon bon Maître
« sait mieux que moi ce qu'il me faut. Je m'appuierai
« sur lui et je ferai de mon mieux. »

Cet abandon complet à la volonté de Dieu donnait
à ses vertus le calme et la générosité qui font le caractère des grands cœurs.

La charité de la Mère Saint-Stanislas l'avait rendue
l'objet de l'affection de toutes ses sœurs. Il ne fallait
pas l'avoir pratiquée longtemps pour découvrir tout ce
que son cœur renfermait de bonté et de dévouement.
Cette vertu bien pratiquée est un des charmes de la
vie de communauté, et forme ce lien puissant qui
fait de tous ses membres une même famille, n'ayant
qu'un cœur et qu'une âme, comme les premiers
chrétiens.

Mais pour arriver à ce résultat il faut être plein de
foi, et voir dans les autres d'autres Jésus-Christ. Le
premier et le principal exercice, selon la sage doctrine
de l'*Imitation*, c'est le support des défauts des autres :
car nous avons tous des défauts. Ils sont le partage de notre nature. Saint Paul les appelle notre
fardeau, que nous devons nous aider mutuellement à
porter : *Alter alterius onera portate.*

La Mère Saint-Stanislas avait compris combien ce
devoir était indispensable au milieu d'une réunion

composée d'éléments si divers de caractère, d'âge, d'é-
ducation et de tempérament. Aussi, même à un âge
avancé, nous la voyons revenir fréquemment sur cet
exercice pratique de la charité. « Je travaillerai, écrivait-
« elle dans ses dernières années, à conserver la charité
« et l'union, en supportant tout ce qui arrive, en souf-
« frant avec patience et douceur, et en me rendant
« supportable. J'accepterai qu'on m'oublie, qu'on me
« laisse de côté, qu'on ne fasse pas attention à ce que
« je dis ou à ce que je fais, qu'on le blâme ou qu'on le
« trouve mauvais. »

Elle savait dissimuler avec une rare adresse les
petits manquements dont elle pouvait être l'objet. On
aurait dit qu'elle ne s'apercevait pas d'une parole un
peu piquante, d'un manque d'égard ou de prévenance,
de quelques signes de mécontentement ou de répugnance. Sa facilité à pardonner les torts des autres a pu
donner occasion d'accuser sa charité d'être excessive ; elle trouvait son excuse dans son humilité
qui ne lui permettait pas d'être difficile pour les
autres, dans la persuasion où elle était que ses sœurs
avaient des torts bien plus graves à lui reprocher. Le
même sentiment l'empêchait de souffrir qu'on vînt
lui demander pardon si on croyait lui avoir fait de la
peine. Elle tombait elle-même à genoux, et disait :
« C'est moi qui vous ai fait de la peine par mon or-
« gueil. Priez Dieu pour que je me convertisse, et
« croyez bien que je vous aime de tout mon cœur. »

Mais la charité n'est pas seulement patiente, ainsi que le veut saint Paul ; il demande qu'elle soit pleine de bonté, c'est-à-dire toujours prête à obliger et à rendre tous les genres de service. Ce caractère doit distinguer surtout la bonne Hospitalière, et nous le trouvons brillant avec éclat dans la Mère Saint-Stanislas.

« Elle fut pour moi d'un grand secours », dit la Mère qui lui succéda comme Maîtresse des novices. « Que « n'a-t-elle pas fait pour me rendre ma charge moins « difficile? Non seulement elle m'aidait de ses conseils « et de son expérience, elle me communiqua les « notes qu'elle avait prises sur cette fonction, et ses « réflexions sur les constitutions et les règles. En sorte « qu'on peut dire que non seulement elle donne ce « qu'elle a, mais qu'elle se donne elle-même. »

Cependant son œuvre de prédilection était le soin des pauvres malades. Elle trouvait son bonheur à les veiller, à les panser, et à les disposer au dernier combat de la vie. Elle sollicitait souvent, comme faveur, le service de l'hôpital en dehors de l'ordre commun. Dans un âge très avancé et peu de temps même avant sa mort, « elle renouvelait encore cette demande et « mettait en avant le besoin de ménager la santé très « faible de plusieurs jeunes religieuses, tandis qu'à un « certain âge, disait-elle, on a moins besoin de « sommeil. »

Les malades savaient apprécier cette bonté et ce

dévouement. On les a vus plus d'une fois faire éclater leur joie quand on leur annonçait que la Mère Saint-Stanislas allait les veiller. « Nous serons bien « gardés, disaient-ils : c'est la petite Mère qui veille. « Elle ne compte pas ses pas : elle viendra deux fois « pour une, pour savoir si nous avons besoin de quel- « que chose. » Elle écoutait avec patience leurs doléances, et s'intéressait à toutes leurs petites affaires. Cette attention gagnait leur cœur, et lui donnait occasion de les consoler et de les encourager.

Tout précieux qu'était ce service pour son cœur, il imposait quelquefois de grands sacrifices à sa sensibilité. Elle soigna en 1852 de pauvres malheureux, qui avaient été victimes d'un horrible incendie. Ils étaient couverts de plaies affreuses dont le pansement excitait le plus grand dégoût. Elle rend compte elle-même, avec une touchante simplicité, d'un autre fait auquel elle fut encore plus sensible. « Notre-Seigneur, « dit-elle, a regardé ma pauvre prière en permettant que « cette nuit fût bonne pour moi. Il m'a donné occa- « sion de me vaincre pour regarder une jambe brisée « très dégoûtante, et il n'a pas voulu que je pusse « dormir ensuite. Mon bon Maître m'a fait un peu « comprendre sa tendresse et son amour, en me met- « tant sous les yeux ceux d'un père et d'une mère pour « leur fille. Leur désolation était profonde, à la pensée « qu'il faudrait lui couper la jambe. » Elle assista à l'amputation, après y avoir préparé la malade, et cette

vue lui inspire cette réflexion : « Si un malade ayant
« peu de connaissance se débat si fortement pour fuir
« la douleur, si malgré de bons instruments l'opé-
« ration est encore longue, puis-je m'étonner des répu-
« gnances, des souffrances et du temps qu'il me faudra
« subir pour une entière conversion ? La vue du sang
« qui jaillissait, l'air de souffrance de la pauvre malade
« m'ont rappelé ce que Jésus a souffert pour moi. »

La Mère Saint-Stanislas avait une tendre affection
pour la famille qu'elle avait laissée dans le monde. On
le voit par les relations fréquentes qu'elle entretenait
avec elle, et la part qu'elle prenait à tout ce qui pouvait l'intéresser. La pureté de ses intentions éclata
surtout quand elle vit plusieurs de ses nièces songer à
se consacrer à Dieu dans la vie religieuse. Il semble
que la nature devait la porter à les attirer près d'elle
pour guider leurs premiers pas, et leur faire partager
son bonheur ; mais quand elle sut que leur attrait ne
les poussait pas à soigner les malades, elle ne songea
pas à les voir se fixer auprès d'elle. Elle voulait avant
tout la volonté de Dieu.

Parmi les vertus qu'il nous est permis d'admirer
dans la Mère Saint-Stanislas, nous devons si-
gnaler surtout son humilité : sans elle la meilleure
vie n'est rien. On est sûr de la rencontrer dans les
âmes vraiment saintes. A les en croire, elles ne sont
dignes que du mépris, et elles sont à charge à tout le
monde.

Les importantes fonctions que la Mère Saint-Stanislas eut successivement à remplir pendant sa longue
carrière, ne servirent jamais d'aliment à sa vanité.
Elle n'y voyait qu'un acte d'obéissance à la volonté
de Dieu. Elle déposait le fardeau bien plus volontiers encore qu'elle ne l'avait reçu. « Quelle ne fut pas
« ma confusion, écrit la Mère qui lui succéda dans la
« supériorité, quand je la vis venir en toute humilité
« se jeter à mes pieds, et réclamer ma première béné-
« diction ! Puis elle me supplia de ne pas l'épargner,
« et de la traiter comme une *petite postulante.*
« Dans la crainte d'être ménagée, elle me promettait
« d'offrir pour moi une communion, chaque fois que
« je l'avertirais de quelque faute. »

On peut dire que les bas sentiments qu'elle avait
d'elle-même dominèrent sa vie entière. Dans le
monde, elle travaillait déjà à les faire régner dans son
cœur ; et quand elle fut plus instruite en spiritualité,
elle en comprit bien mieux l'importance, et il n'est
pas de sentiment sur lequel elle revienne plus souvent.

Ainsi, toute sa vie, elle a fait une guerre acharnée à
l'amour-propre et à la vanité, alors même qu'à la suite
de tant de victoires elle semblait avoir le moins à
craindre le démon de l'orgueil ; mais elle se le repré-
sentait toujours « comme un voleur, qui veillait à
la porte du cœur pour tâcher d'en gâter les actes
ou d'en enlever le mérite ». Elle en triomphait surtout par le mépris d'elle-même.

« J'ai trop peur de l'amour-propre, écrit-elle, puis-
« qu'il sera toujours en moi. Il appartient à ma
« nature. Il me faut pratiquer la charité envers moi-
« même en me supportant quoique bien insupporta-
« ble. C'est une partie de ma croix. Je dois m'y rési-
« gner..... Je laisserai le démon tapager autour de
« moi en voulant m'effrayer par ses folles idées de
« vanité. Ce sera le moyen de m'humilier davantage
« et de me défier de moi-même, qui suis le démon le
« plus terrible. »

Plus d'une fois elle eut occasion de manifester sa
répugnance pour les compliments ou les paroles de
flatterie. En l'absence de la Mère Supérieure, elle prési-
dait un jour à la récréation, comme Assistante. Une
jeune sœur lui dit en riant : « Notre Mère va bientôt
« revenir : vous aurez un bon témoignage à lui don-
« ner de nous, car nous avons été bien sages. Vous
« devez être contente de nous ! — Oui, répondit la
« Mère Saint-Stanislas, les beaux compliments que
« j'aurai à faire pour des enfants vaniteux, qui se
« donnent à elles-mêmes des éloges dans la crainte de
« n'en pas recevoir. » — La religieuse, qui voulait
continuer sa plaisanterie, chercha à faire rire la Mère
Assistante par des compliments et des paroles de flatterie : « Oh! Mère chérie, lui dit-elle ; ne nous gron-
« dez pas, Mère bien-aimée. Vous êtes trop bonne
« et trop sainte pour nous faire de la peine. »

La Mère Assistante ne laissa pas continuer une

conversation si peu convenable et si peu religieuse, et, tournant la tête d'un autre côté, elle dit à l'interlocutrice : « Que cela sent mauvais ! » Elle le répéta deux fois, et avec un tel accent de conviction, qu'il y eut une explosion de joie dans la réunion, en voyant la langue flatteuse confondue.

Pour entretenir en son cœur ces humbles sentiments, la Mère Saint-Stanislas avait fait le catalogue des défauts vrais ou faux qu'on lui avait reprochés, et elle le tenait devant elle comme un miroir pour apprendre à se mieux connaître, et pour se convaincre qu'il manquait bien des choses à sa vertu.

Le même sentiment soutint son courage dans les épreuves spirituelles par lesquelles il plut à Dieu de faire passer sa servante. Dans les jours de sa jeunesse, elle avait goûté souvent les douceurs et les consolations de la vertu ; pendant sa vie religieuse, le Ciel ne lui épargna pas les peines des âmes fortes. Ses moments de ferveur sensible et de lumière céleste étaient rares et surtout de courte durée. Elle les appelle un *éclair*, une *étincelle*, un *rayon* de lumière, mais qui disparaît presque aussitôt. Elle remarque cependant que ces faveurs célestes laissaient un souvenir durable.

Son état d'âme le plus ordinaire dans ses exercices religieux semble avoir été surtout un état d'aridité et de ténèbres. Il est beau de voir avec quelle humilité elle s'y résigne. « Je dois trouver bon, écrit-elle, tout ce « que Dieu me donne, sécheresse, ténèbres. Je com-

« prends que c'est tout ce que je mérite. C'est en même
« temps une leçon utile. Que ma pauvre âme gémit
« d'être dans la retraite, comme si elle en était loin et
« dénuée de tout secours ! »

Elle notait dans une autre circonstance : « La
« nature a souffert dans mes dernières retraites ; mais
« je crois être résignée à manger mon pain sec ; cepen-
« dant, quand l'ennui, la sécheresse, la fatigue se font
« beaucoup sentir, je me reporte au temps où la
« retraite faisait mon plus grand bonheur, et où je
« recevais plus de lumière. Malgré cela, je ne voudrais
« pas demander cet état-là. Le présent m'humilie
« davantage, et me fait plus souffrir. »

Dans ces circonstances pénibles, elle aimait à se rappeler trois mots qui résumaient toute sa vie pratique :
constance, patience, confiance. — « Constance dans les
efforts et le combat, patience à supporter la peine, et.
confiance dans le secours qui ne peut me manquer. »

Jusque dans ses dernières retraites la Mère Saint-
Stanislas a eu à souffrir de cet état de ténèbres et d'im-.
puissance, sans laisser échapper le plus petit mouvement d'impatience ou de plainte ; on ne trouve dans
son cœur que la résignation et le désir d'aimer Dieu,
qui lui inspirent un mot touchant et naïf d'humilité,
de confiance et d'amour. « Dieu sans doute a permis
« cet état, écrivait-elle en 1882, pour me pénétrer de
« mon néant et de ma profonde misère. Que suis-je ?
« Que suis-je ? Rien, rien. Je n'ai donc d'autre res-

« source que de me confier en Dieu, et de m'appuyer
« sur son infinie bonté et sa grande miséricorde... Je
« m'efforcerai de ne chercher que son bon plaisir,
« demandant souvent et instamment l'amour de Notre-
« Seigneur, non sensible, mais efficace et pratique...
« J'accepte, ô mon Dieu, la vue et le sentiment de ma
« pauvreté. Je renouvelle ma résolution, de me confier
« de plus en plus au Cœur sacré de mon Sauveur qui
« m'aime toujours, et qui désire si ardemment être
« aimé de moi. Oh! oui, il est bon, très bon ; meilleur
« ne peut être. »

Il semble qu'aucun genre d'épreuves ne devait
manquer à la vertu de la Mère Saint-Stanislas. Elles
ne servirent qu'à lui faire remporter de nouveaux
triomphes. A différentes époques de sa longue carrière, sa santé eut à supporter de rudes assauts, qui
commencèrent dès les premiers jours de son entrée
dans la maison religieuse. Voici comme elle en parle
dès 1830 : « J'accepte avec joie les petites contrariétés
« que me procure ce misérable corps, trop heureuse
« si ces légères souffrances peuvent vous être agréables,
« ô mon Dieu ! Oui, malgré tout, je suis contente, et
« ma plus grande peine est de vous aimer si peu
« après tant de bienfaits ! »

Ce fut sans doute dans un de ces moments où la
santé de la Révérende Mère la mettait dans l'impuissance de remplir les fonctions ordinaires de sa vocation, qu'elle eut l'humble pensée que Dieu la regar-

dait comme indigne de travailler à faire du bien aux
âmes. Sans se décourager, elle était disposée à ne plus
s'occuper que des travaux manuels des sœurs converses, et du service matériel des épouses de Jésus-
Christ, mais avec une très grande pureté d'intention,
comme il est recommandé dans les Constitutions :
« Ainsi, se disait-elle à elle-même, en balayant je
penserais avec quel soin je dois avant tout travailler
à purifier mon âme ; en allumant le feu, je m'humilierai de me voir si pauvre que je ne sais pas allumer
le feu du divin amour dans mon cœur ni dans celui
des autres. »

Dieu se contenta de cette préparation héroïque au
sacrifice. Il rendit à sa servante assez de santé pour
pouvoir reprendre son service de zèle et de charité.

« Dès mon entrée en Religion », écrit une de ses
sœurs, « je fus frappée de son esprit de pauvreté : ce
« qu'il y avait en toutes choses de moins bon pa-
« raissait pour elle le meilleur. Telle fut sa pratique,
« surtout quand elle était Supérieure. Ainsi pen-
« dant longtemps elle prit à son usage de gros draps
« de lit apportés de la campagne par des sœurs
« converses. »

Elle était industrieuse à dissimuler ses besoins, et
le plus souvent il fallait les deviner, tant il lui semblait naturel et dans l'ordre qu'une vraie fille de la
Miséricorde-de-Jésus eût à souffrir quelque privation
et ne fût pas à la recherche de ses aises. Elle prenait

un très grand soin de tous les objets qui étaient à son usage. Elle les regardait avec raison comme lui étant seulement prêtés, et comme appartenant à Notre-Seigneur, aux termes mêmes des Constitutions. Voilà pourquoi elle veillait à ce que rien ne se perdît. Tout ce qu'elle voyait traîner était mis à part dans son petit panier à ouvrage, qui ne la quittait jamais, répétant souvent son refrain ordinaire : « Les plus grandes montagnes ne sont composées que de grains de sable, et, au spirituel, les plus petits actes peuvent conduire à la plus haute perfection. »

L'amour du travail était pour elle comme un besoin impérieux, et elle savait ménager son temps à l'exemple de l'ouvrière la plus intéressée. Son travail ordinaire était le tricot, qu'elle n'interrompait pas, même en circulant dans la maison.

Elle voulait qu'on mît toujours le temps à profit, comme le bien du bon Dieu qu'il fallait utiliser pour sa gloire. Par son travail assidu, elle a pu fournir des ressources à certaines œuvres. Lorsque la vente des objets qu'elle avait confectionnés avait produit quelque argent, elle allait le porter à sa Supérieure avec autant de bonheur que s'il eût été nécessaire aux besoins communs.

La bonne Mère était dévorée du désir de faire le bien pour glorifier Dieu et le faire aimer, et c'est là un des caractères les plus certains du véritable amour de Dieu. « Celui qui n'a pas de zèle n'a pas d'amour,

selon saint Augustin : *Qui non zelat non amat.* Sainte
Madeleine de Pazzi l'avait si bien compris qu'elle ne
craignait pas de dire : « Si Dieu m'avait demandé,
« comme à saint Thomas, quelle récompense je
« désirais pour tout ce que j'ai fait pour lui, j'aurais
« répondu sans hésiter : gagner des âmes à votre
« amour. »

La Mère Saint-Stanislas était trop pénétrée de
l'esprit de son Institut pour n'avoir pas ce feu divin
dans son cœur. On lisait dans une de ses notes : « Etre
« utile à la cause de Dieu, et faire du bien aux âmes
« pour l'amour de Notre-Seigneur est l'objet de mon
« ambition et serait ma plus grande consolation en ce
« monde ; mais Dieu ne permet pas qu'on ait toujours
« cette jouissance et qu'on puisse faire tout le bien
« qu'on voudrait. »

Elle avait demandé au Ciel (et elle avoua qu'elle
avait été souvent exaucée) de pouvoir surtout assister
les moribonds à leurs derniers moments, et de les
préparer par la réception des sacrements. Son industrie lui suggéra de se recommander à leurs bons
Anges pour l'aider dans ce saint ministère, persuadée
qu'ils viendraient l'assister elle-même un jour, et elle
a eu la consolation d'en voir un grand nombre
mourir dans de très saintes dispositions. Elle a conservé dans ses notes le récit de la mort d'un vieil-
lard, qui vint mourir à l'hôpital et dont la vertu
était tout à fait remarquable. Depuis vingt ans, il ne

marchait qu'avec des béquilles, car ses jambes étaient couvertes de plaies ; ses mains, contournées par la douleur, ne lui permettaient aucun travail. Il passait ses journées à prier avec la plus complète résignation à la volonté de Dieu. Jamais on n'entendit une plainte sortir de sa bouche. Le jour de sa mort, bien des personnes approchèrent de son lit à cause de la bonne édification qu'il donnait. Il parut un moment préoccupé. La Mère Saint-Stanislas l'interrogea sur la cause de son trouble, afin de lui ôter toute pensée d'inquiétude, « Je n'en ai aucune, dit-il ; mais « depuis ma communion d'hier, mon lit est tout « entouré de fleurs, et en approchant trop près on les « dérange. » Puis il parla de sa mort avec un si vif sentiment de foi et de consolation, qu'on était porté à croire qu'elle lui avait été révélée. Il mourut le soir même.

Le zèle de la Mère Saint-Stanislas trouva à s'exercer aussi auprès des enfants de l'hôpital qu'il fallait instruire. La dernière fois qu'elle quitta la supériorité, elle sollicita la faveur de leur faire le catéchisme, et elle y mettait le plus grand intérêt. On la voyait partir au premier son de la cloche, son petit panier au bras et son tricot à la main, pour rejoindre son jeune troupeau. Tous ses soins étaient de se mettre à sa portée, et de lui rendre les choses intelligibles. Elle trouvait moyen de se pourvoir de quelques petits présents pour entretenir entre eux l'émulation, et stimuler leur ardeur. Le triomphe de son zèle était dans sa patience avec les enfants les plus bornés ou les moins dociles. Pendant un an elle prit soin d'un enfant presque complètement idiot, pour lui inculquer les premiers éléments du caté- chisme. Elle ne put y réussir que grâce à sa constance infatigable à lui répéter la même chose ; et elle eut la consolation de le voir admettre pour sa première Communion.

Parmi les heureux fruits que cette maison d'orphe- lins a produits et auxquels la Mère Saint-Stanislas a pris une part active, nous aimons à citer une orphe- line sortie de cet asile plusieurs années avant la mort de la vénérable Mère. A cette nouvelle, elle accourut pour exprimer aux religieuses toute la douleur et la reconnaissance qu'elle conservait de ses bontés. Elle racontait elle-même son histoire. « J'étais, « disait-elle, d'un caractère très difficile, capricieuse « et très volontaire. Aussi ne me ménageait-on pas les « réprimandes et les punitions. Mes maîtresses portè- « rent plainte plus d'une fois à la Mère Saint-Stanis- « las. Elle me fit appeler, et me dit avec beaucoup de « douceur combien ma conduite lui faisait de peine. « Alors, étouffée par l'émotion, je m'écriai : Oh ! que « je suis malheureuse de n'avoir plus de mère ! Per- « sonne ici ne m'aime ! — Mais si, mon enfant, me « dit l'excellente Mère. Vous en avez une, et cette « mère, c'est moi. — Elle m'embrassa, et je sentis,

« sous sa pression et à ses paroles, mon âme inondée
« d'un bonheur que je n'oublierai jamais. Je commen-
« çai à devenir meilleure. M'arrivait-il encore de faire
« des fautes : ma mère d'adoption me reprenait dou-
« cement, non pas devant les autres, ce qui m'aurait
« exaspérée, mais seule à seule, et ses réprimandes ne
« restaient jamais sans effet.

« Je me rappelle des témoignages particuliers de sa
« bonté. Il m'arrivait quelquefois, en entrant au réfec-
« toire et en voyant un mets qui n'était pas de mon
« goût, de m'écrier : On veut que nous mangions cela,
« mais je n'y toucherai pas. — La bonne Mère lais-
« sait passer ma boutade, puis elle faisait enlever mon
« morceau de pain noir dont elle faisait sa portion,
« et le remplaçait par le pain blanc qu'on lui avait
« servi, en y ajoutant souvent quelques friandises. »

Grâce à cette bonté toute maternelle, la Mère Saint-
Stanislas réussit à changer cette nature qui paraissait
intraitable et qui est devenue une excellente mère de
famille.

Sa présence au parloir fournissait souvent un aliment à son zèle. « Quand j'allais la visiter, dit une
« de ses nièces, elle avait toujours sur les lèvres quelques
« graves paroles de foi qu'elle savait si bien dire à pro-
« pos, qu'elles jetaient dans l'âme une vive lumière.
« En sortant de ces entretiens, mon âme apprenait à
« devenir courageuse à l'école du devoir, et à s'oublier
« pour le service des autres.

« Je lui dois », écrit une autre nièce, « une des
« grandes pensées sérieuses, qui se soit profondément
« imprimée dans mon âme. J'avais quatorze ans. Elle
« m'engagea à répéter souvent la prière de S. Augus-
« tin : « Seigneur, faites que je vous connaisse et que
« je me connaisse ! » comme un moyen de découvrir
« la volonté de Dieu et d'obtenir la grâce de l'exécu-
« ter. Elle m'est toujours restée présente à l'esprit, et
« m'a été bien utile. »

Une autre nièce, beaucoup plus jeune (9 ans 1|2),
croit devoir à une de ses paroles les premiers germes
de vocation religieuse. Sa tante lui avait demandé à
qui elle voulait donner son cœur. L'enfant répondit
avec candeur : « Au bon Dieu ». — « Tu fais bien, lui
« répliqua-t-elle ; il y en a malheureusement qui veulent
« le partager avec les créatures. Ne les imite jamais. »
Ces paroles furent dites avec un tel accent de conviction qu'elles ne s'effacèrent jamais de sa mémoire, et
plus tard elle en comprit les importantes conséquences.

Les nombreux neveux et nièces que la Mère Saint-
Stanislas avait à Auray, allaient de temps en temps la
visiter en bande, et c'était toujours une grande fête
pour les enfants. Elle avait aussi son utilité pour eux.
Aussitôt qu'ils entendaient la porte du parloir s'ouvrir, tout jeu cessait. La troupe bruyante devenait
recueillie et silencieuse. La vue de la bonne religieuse
produisait l'effet d'une apparition. Son extérieur si
calme et si modeste, son sourire si aimable et si préve-

nant, gagnait aussitôt les cœurs et inspirait la confiance. Ses paroles étaient écoutées avec avidité et un
religieux respect. Elle savait dire à chacun un petit
mot utile et à sa portée. La visite avait produit son
fruit.

Le zèle de la Mère Saint-Stanislas la porta à s'intéresser surtout à certaines œuvres catholiques qui con-
tribuent puissamment à la gloire de Dieu et au bien
des âmes, et elle travailla activement à les propager.
La première, *l'Association de l'action de grâce*, sert
à éveiller dans les cœurs chrétiens le sentiment de
la reconnaissance envers Dieu pour tant de bienfaits
dont il ne cesse de nous combler chaque jour. Elle
gémissait de voir le monde peuplé d'ingrats, et elle
croyait avec raison que si les cœurs devenaient recon-
naissants, ils seraient bientôt bons chrétiens. L'expérience d'ailleurs lui avait appris que la reconnaissance
est le plus sûr moyen d'attirer de nouveaux bienfaits de
Dieu. En toute occasion, mais surtout auprès des
membres de sa famille, elle cherchait à gagner de nouveaux associés.

La seconde œuvre était celle de Saint-Michel pour
le soulagement des âmes du purgatoire, dont le Père
Chaignon était le fondateur et l'ardent propagateur.
Il avait plusieurs fois exercé le saint ministère auprès
des Hospitalières d'Auray, et il avait inspiré sans
peine à la Mère Saint-Stanislas sa charité pour les
morts. Elle le secondait si bien pour recueillir des

associés et des aumônes, et les envoyer au zélé missionnaire, qu'il lui donnait le titre bien mérité de *son bras droit*. Elle espérait bien que si elle avait un jour des dettes à payer à la justice divine dans le Purgatoire, le Seigneur lui tiendrait compte de tout ce qu'elle aurait fait pour soulager celles qui souffrent.

Ainsi, en dehors même de sa Communauté, la bonne religieuse ne perdait pas l'occasion de faire le bien et d'exercer son zèle. « Je n'essaierai pas de vous racon- « ter », écrit une personne qui était dans son intimité et qui l'aidait de ses ressources, « toutes les bonnes « œuvres auxquelles elle a pris part, et dont j'ai été « témoin. C'est le secret de la divine Providence. » Quelques faits seulement sont arrivés jusqu'à nous. Elle a trouvé moyen de faire entrer un jeune homme au séminaire pour devenir un prêtre de Jésus-Christ. — Elle est parvenue à faire conclure un mariage qui sauvait l'honneur d'une famille pauvre.

V

CORRESPONDANCE.

La correspondance de la Mère Saint-Stanislas était un des instruments les plus actifs de son zèle. Elle avait autant d'étendue que de variété. Mais comme ses lettres étaient écrites avec une grande simplicité, et souvent même avec négligence, on n'attachait pas une grande importance à les conserver, et de là vient leur rareté. Nous voulons cependant glaner dans ce qui nous reste de ce riche trésor.

L'âme se peint au naturel dans ces épanchements de la charité et du zèle. Ici tout respire un parfum de piété ardente, un sentiment de foi très vive, un esprit de résignation et de sacrifice, et une confiance en Dieu qui ne faillit jamais.

Elle écrivait à une de ses petites-nièces à l'occasion de sa première Communion : « J'ai bien des fois « demandé à Dieu pour toi que tu sois bien préparée. « Si tu savais comme je souhaite que ton cœur soit « bien pur et bien fort pour recevoir la grande visite « du Maître du ciel et de la terre ! Si nous pouvions « comprendre tous les miracles que fait le bon Jésus « pour descendre dans nos cœurs, comme nous « l'aimerions !... »

Une âme religieuse avec laquelle la Mère Saint-Stanislas entretint jusqu'à sa mort des rapports très intimes, disait de sa correspondance : « Elle parle « toujours de ses chères veilles auprès des membres « souffrants de Jésus-Christ, puis plus longuement « des doux instants qu'elle donnait au bon Maître, « lorsque les malades pouvaient se passer de ses soins. « Le devoir, disait-elle, me fait bien vite retourner à « eux, pour revenir encore quelques moments après. « Le Dieu du tabernacle était notre thème favori, « parce qu'il était le grand objet de notre amour dans « des vocations différentes. Et puis toujours, dans une « dernière page et en quelques lignes, reluisait sa « franche et vraie humilité, non traduite en pensées « banales, mais en expressions souvent nouvelles, « sorties de l'abondance de son cœur. Elle avait pro- « fité presque outre mesure des leçons de notre défunt « commun directeur, qui n'aspirait qu'à faire des « humbles ; et il a réussi avec la Mère Saint-Sta- « nislas. »

Le zèle de cette bonne Mère la porta à s'intéresser avec activité à la vocation religieuse d'une jeune personne qu'elle n'avait pas pu faire recevoir à Auray à cause de son peu d'instruction, mais qu'elle réussit à faire entrer dans une autre Communauté. Toutes ses démarches la mirent en relation avec le frère de cette postulante, religieux lui-même dans une communauté de Frères instituteurs, qui soutenait et encourageait sa

sœur. La Mère Saint-Stanislas lui écrivait à l'occasion des difficultés que rencontraient les pieux projets de sa sœur : « Qu'il y a de choses que l'on ne com-
« prend pas dans ce pauvre monde ! Dieu conduit
« tout pour sa gloire et le salut des âmes. Ne nous
« désolons pas comme ceux qui n'ont pas d'espé-
« rance.... Je vois avec peine que vous êtes fatigué,
« et que votre santé souffre. Du reste, s'immoler, se
« sacrifier, n'est-ce pas là la vraie vie religieuse ?
« Heureuses les âmes qui savent se dévouer pour
« notre bon Sauveur, qui a tant fait pour nous !... Si
« la foi était bien vive, comme les peines et les tra-
« vaux de la vie seraient bien reçus, puisqu'ils seront
« la mesure de notre gloire ! Demandez pour moi cet
« esprit de dévouement et de sacrifice dans l'accom-
« plissement de la volonté de Dieu. »

Quand la Mère Saint-Stanislas apprit, quelque temps après, que la jeune postulante avait enfin vu ses vœux se réaliser, elle s'empressa d'écrire à son frère. Elle avait mis au haut de sa lettre : *Deo gratias*, et elle ajoutait : « Que votre lettre m'a fait plaisir !
« Aussi je rends grâces avec vous aux divins Cœurs de
« Jésus et de Marie, et je remercie le bon saint Joseph.
« Le temps de l'épreuve paraît long et bien pénible à
« la pauvre nature, qui ne peut comprendre les des-
« seins impénétrables de la divine Providence dans
« la conduite des âmes. Ce sont de vrais mystères qui
« ne nous seront découverts que dans le ciel. »

La Mère Saint-Stanislas entretenait surtout avec ses nièces religieuses un commerce fréquent de lettres pour les encourager et les instruire. Elle communiqua à l'une d'elles, en 1875, ses pensées sur le bienfait de la retraite qu'elle venait de faire : « Nous avons « reçu une riche provision de bonne et sainte nour-« riture. A nous de la digérer et d'en tirer le suc nutri-« tif pour continuer notre route. Oh ! que nous som-« mes heureuses, chère sœur, de pouvoir de temps en « temps nous reposer un peu, et prendre de nou-« velles forces ! Il est vrai, on ne sent pas toujours ce « bon repos, ni l'augmentation des grâces ; mais nous « savons bien que ces sentiments sensibles ne sont « pas nécessaires. Pourvu que la volonté fasse des « efforts pour détruire la mauvaise nature et prati « quer la vertu, notre bon Jésus sera content. J'aime « à penser à ce que me disait un Père Jésuite : « Dès « qu'on fait de son mieux, malgré bien des imperfec-« tions, la retraite est toujours un pas vers la sainte « montagne. » Tu me donnes envie de rire en disant « que tu croyais qu'il ne te faudrait pas longtemps de « bonne vie religieuse pour devenir une Sainte. Il y « a eu sans doute beaucoup de bonnes âmes qui ont « eu ce grand talent de se sanctifier bien vite. Quand « j'étais jeune, cela me paraissait assez facile : mon « ignorance était grande. Je croyais pouvoir être « sainte comme j'aurais voulu. Un bon Père m'a « détrompée encore sur ce point, en me disant que

2***

« les ânes ne peuvent pas prétendre avancer comme
« les chevaux ! Il faut donc prendre patience et sup-
« porter ses misères tout en les combattant. »

Elle écrivit à la même nièce en 1878 : « Bien chère
« sœur, comme toi je n'ai pas attendu jusqu'à ce
« jour pour offrir à notre doux Sauveur les vœux
« que j'ai formés au renouvellement de l'année, et que
« je forme sans cesse pour ton bonheur et surtout pour
« ton avancement dans la vertu. Que pouvons-nous
« en effet nous souhaiter de meilleur l'une pour l'autre
« que de devenir des saintes ? Oh ! oui, sans doute
« ayant l'honneur d'être épouses de Jésus, d'habiter
« sa sainte maison, il ne nous reste qu'à suivre notre
« divin modèle en accomplissant en tout sa sainte
« volonté. Voilà qui n'est pas si facile qu'on le croit
« en quittant le monde, ou après une retraite, ou
« quelques bons moments de ferveur. Tôt ou tard on
« reconnaît combien il y a d'amour-propre ou de
« présomption mêlés à ces bons désirs que le bon
« Dieu donne. Aussi faut-il reconnaître, par une
« triste expérience de sa faiblesse et de son impuis-
« sance, qu'on n'est capable que du mal, et incapable
« du moindre bien, sans le secours de la grâce. Ne t'é-
« tonne donc pas de voir tes défauts et tes fautes : c'est
« un bon fumier qui fait croître les vertus, surtout
« l'humilité, dont nous avons tant besoin. L'essentiel
« est que nous combattions nos mauvais penchants,
« et que nos fautes ne soient pas volontaires... »

En 1879, la Mère Saint-Stanislas perdit une de ses sœurs, établie dans le monde, précisément celle qui lui avait montré un si grand dévouement au moment de son entrée en religion. Elle apprit cette nouvelle par une des filles de la défunte (1), qui était déjà religieuse, et elle s'empressa de lui répondre le 7 septembre :

« Bien chère sœur, comme je vous remercie d'avoir
« eu le courage, dans le moment de votre grande dou-
« leur, de venir partager avec moi votre peine et con-
« soler ce pauvre cœur vivement blessé et oppressé !
« Oh ! oui, j'aimais votre bonne mère, et je savais en
« être aimée ! Elle m'avait toujours témoigné tant de
« confiance et d'affection ! Elle savait que ses peines
« et ses joies étaient bien partagées par sa sœur.
« Aurais-je pu oublier tout ce qu'elle avait fait pour
« me donner la facilité de quitter le monde, il y aura
« cinquante et un ans le 11 de ce mois ? A cette époque
« elle appréciait et désirait la vie religieuse. Etant
« l'aînée, si elle eût pris ce parti, je n'aurais pas pu
« quitter mon père et deux jeunes sœurs. Sachant mon
« désir, elle s'était empressée de revenir tenir le ménage.
« Elle laissa ses études de peinture, et se chargea de
« mon trousseau pour que je fusse plutôt libre de suivre
« notre bon Maître. Dans combien d'occasions elle
« m'a prouvé sa piété et son dévouement !... Oh !

(1) Mlle Bonne Guépin, Mère Marie du Sacré-Cœur, religieuse au monastère de Mont-Bareil, à Saint-Brieuc.

« oui, chère sœur, travaille promptement et géné-
« reusement à devenir une sainte religieuse. La
« vie passe si vite ! nous ne savons à quel degré
« le Seigneur nous appelle. Ce qu'il y a de cer-
« tain, c'est que les vertus ne s'acquièrent qu'à force
« d'actes et de sacrifices. Heureuse l'âme qui ne perd
« aucune occasion de s'enrichir ! Demande cette grâce
« pour ta pauvre tante, qui approche du terme de sa
« vie, et se voit si pauvre. Confiante dans le Cœur
« de notre divin Epoux, j'attends de son infinie bonté
« grâce et miséricorde. »

Une autre nièce de la Mère Saint-Stanislas (1) pen-
sait en 1878 à quitter le monde. Sa tante lui écrivit
après sa retraite d'élection : « La retraite aura dû te
« faire du bien. Je comprends que c'était difficile,
« n'ayant pas eu un peu de temps pour te défatiguer
« et reprendre le calme dont tu avais besoin. Mais tu
« as ouvert ton cœur à ta sœur et amie. et je ne doute
« pas que tu ne te trouves un peu soulagée, d'autant
« plus que cette chère sœur ne cherche comme toi que
« l'accomplissement de la sainte volonté de Dieu. Elle
« a passé aussi par de fortes épreuves. Tu sais comme
« le Seigneur en a pris soin, et lui a fait trouver la
« paix et le bonheur en la mettant dans la voie qu'il
« lui avait choisie. Elle est à même de te donner de

---

(1) Mlle Martin, Mère Marie-Anne de Jésus, religieuse au
monastère de Mont-Bareil, à Saint-Brieuc. Sa sœur, la Mère
Saint-Alphonse, était religieuse à la Retraite d'Angers.

« bons conseils; il me semble que le grand moyen
« qu'elle a employé est le plus essentiel, la prière.
« Oh ! prie beaucoup, prie avec confiance, avec persé-
« vérance, et certainement le bon Maître ne pourra te
« refuser. Je m'unis à toi et à ceux qui prient pour
« toi. Sur toutes choses, ne te laisse pas aller aux
« pensées qui te troublent ou t'effrayent. Le démon
« travaille dans l'imagination et grossit les difficultés
« pour arrêter les pauvres âmes. Approche-toi le plus
« possible du bon Dieu ; demande souvent les
« lumières du Saint-Esprit avec la force et le courage
« de tout faire pour accomplir les desseins de Dieu.
« Par quelque chemin que tu ailles, tu auras des
« sacrifices à faire. Tu sais que le Seigneur ne se laisse
« pas vaincre en générosité. »

A la nouvelle de l'entrée de cette nièce au couvent, elle lui répond (13 mai 1879) : « Je te remercie
« de m'avoir fait connaître ton entrée dans la maison
« du Seigneur... J'étais pressée de te savoir au lieu de
« ton repos, qui sera, je l'espère, celui de ton vrai bon-
« heur. Oh ! oui, bénissons le Seigneur d'avoir enfin
« rompu tant de liens qui te retenaient dans ce pauvre
« monde ! Il est vrai qu'ils ne sont pas entièrement
« brisés ; la chère clôture qui t'environne est un
« puissant moyen pour t'aider à les rompre en
« commençant par les affaiblir. Je comprends ce que ton
« pauvre cœur a souffert, et ce qu'il aura à souffrir.
« Aie confiance ; Jésus et Marie ne manqueront

« pas de t'aider et de te protéger. Sois bien fidèle à la
« grâce : avec elle tu surmonteras les plus grandes
« difficultés. Tu sais que rien n'est impossible à
« Dieu. Sur toutes choses ne te décourage pas. Il faut
« bien que tu fasses ton apprentissage de ta règle : ce
« ne sera pas sans faire des fautes, mais elle te don-
« nera le moyen de les réparer. Elle est comme l'ai-
« guille de Mme Baras qui raccommode tout, excepté...
« l'amour-propre. Pour celui-là, il ne faut pas lui
« faire de grâce. Ne t'effraie pas de le trouver
« au couvent. Il y entre malgré toutes les grilles.
« Il semblera avoir grande pitié de toi, et te grossira
« peut-être les sacrifices que tu as faits et ceux qu'il
« te faudra faire. De grâce n'écoute pas sa malheu-
« reuse voix qui réveillera les sentiments de la nature
« et l'esprit du monde. Ne t'arrête pas à tous ces sou-
« venirs qui pourraient te porter à la tristesse et t'at-
« tendrir le cœur. Ranime ta foi, élève ton cœur vers
« le Ciel, prie avec confiance, et tu obtiendras la vic-
« toire. Mais ne va pas croire que tu l'obtiendras tout
« d'un coup et sans peine, car dans la vie spirituelle
« il n'y a guère de mort subite.

« J'ai souvent prié pour toi, et je ne t'oublierai pas
« pendant notre retraite qui commence demain 24.
« Prie aussi pour que nous profitions de ces jours de
« grâces. C'est le P. P*** qui nous donne les Exercices.
« Je ne le connais pas ; cela ne fait rien. Il n'est
« que l'instrument du bon Dieu. L'essentiel est d'être

« une cire molle pour que la grâce nous façonne
« selon le bon plaisir de Dieu. Plus on approche du
« soir de la vie, plus on sent le besoin de se rappro-
« cher de notre unique bien. »

Elle ajoutait encore peu après, à la même nièce : « Ne
« doute pas d'un secours particulier du bon Dieu ; il ne
« manquera pas de te soutenir pour surmonter toutes
« les difficultés que tu pourras rencontrer. Dans
« un chemin on ne s'arrête pas à examiner les pierres
« et les ruisseaux de la route : on saute par-dessus.
« Fais de même ; ne vois que le but vers lequel tu dois
« tendre avec courage et confiance... Bientôt vien-
« dront les grandes vacances, le rendez-vous général
« de toute la famille, où chacun arrivera par son che-
« min particulier pour aboutir au même royaume...
« En attendant, travaillons et prions. »

A la nouvelle de la prise d'habit de cette postulante
(10 décembre 1879), la Mère Saint-Stanislas laisse
éclater sa joie, et lui écrit : « Que rendrons-nous au
« Seigneur ? Oui, comment lui témoigner notre recon-
« naissance ? Voilà un grand pas de fait... Marie t'a
« aidée, t'a protégée au milieu des épreuves et des
« difficultés de ta position. Tu l'as priée et fait
« prier pour connaître la voie où tu devais entrer.
« Ce n'est pas en vain qu'on l'invoque. Redouble ta
« confiance pour cette bonne Mère. Si elle te fait triom-
« pher de ta pauvre nature, ce n'est pas pour te laisser
« à ta faiblesse. Oh ! non ; elle aime trop les âmes qui

« veulent se donner tout à Jésus, et devenir ses
« épouses. Combien je suis heureuse de ton bonheur,
« et comme je remercie Dieu de t'avoir admise au
« nombre de ses fiancées !... Tu as pu supporter les
« épreuves du postulat; avec la grâce de Dieu, tu pour-
« ras aussi triompher des autres ; mais ne va pas
« t'imaginer que tu pourras détruire ta pauvre nature,
« et ne pas souffrir de ton cœur sensible. Il faut du
« temps, et bien des combats avant d'obtenir la vic-
« toire ; pourvu que le bon Maître nous trouve
« travaillant avec persévérance, il est content. »

Cette jeune novice eut le bonheur de faire ses vœux
en 1882, et la Mère Saint-Stanislas annonce cette
nouvelle avec joie à une autre nièce, déjà religieuse
depuis plusieurs années : « Voilà la chère M... liée
« comme nous à notre divin Époux ! Qu'il en
« soit à jamais béni! Elle a surmonté toutes les épreu-
« ves. Espérons qu'avec la grâce elle combattra jus-
« qu'à la fin, et remportera la couronne. La nature a
« sans doute souffert surtout de son éloignement;
« et la grâce lui a fait comprendre ce que tu me
« disais: ce n'est pas avec du naturel qu'on fait du
« surnaturel! Elle est heureuse, et contente : que dési-
« rer de plus dans ce pauvre monde? Il faudra bien
« que le bon Maître la visite avec sa croix et ses
« épines pour augmenter ses mérites.

« Unis en Dieu, il me semble que nous nous rap-
« prochons. Oh! que les amitiés en Dieu sont douces

« et solides! Quoique éloignées, il semble qu'on mar-
« che ensemble parce qu'on suit la même route,
« et qu'on tend au même but. Que voulons-nous
« toutes, si ce n'est d'aimer Dieu par-dessus toutes
« choses et notre prochain pour son amour ? Il n'y a
« de différence que dans les moyens. Tâchons de bien
« prendre l'esprit de notre vocation, et tout ira bien. »

Elle écrivit en même temps la lettre suivante à la nouvelle religieuse :

« 29 novembre 1881.

« *Deo gratias !...*

« Bien chère sœur,

« Oh! oui! que le Seigneur est bon ! Bénissons-le
« tous les jours de notre vie, en attendant que nous
« chantions ses miséricordes pendant l'éternité.

« J'espérais un moment un peu long pour te féli-
« citer de ton bonheur et causer avec toi ; mais depuis
« notre retraite de rénovation, le temps a été bien
« court... Ah ! qu'avons-nous fait, pour que le Sei-
« gneur nous ait choisies entre tant d'autres pour
« être ses épouses ? Que n'a-t-il pas fait pour nous dans
« le passé comme dans le présent ? Avec quel amour
« il a pris soin de nous, et tout conduit pour nous
« envoyer chacune de notre côté travailler à sa
« gloire et au salut des âmes ! Dans les temps malheu-
« reux où nous sommes, que de motifs d'apprécier

« notre bonheur! Nous savons que ce que Dieu garde
« est bien gardé, et qu'il ne nous arrivera que ce que
« notre divin Époux aura prévu et permis pour notre
« plus grand bien.

« Que je suis heureuse et contente de te voir toute
« au bon Dieu, marcher avec courage et persévérance
« dans ce chemin de la perfection, bien difficile et
« dur à la pauvre nature, mais qui nous mène au
« repos et au bonheur ! Ne crois pas, je te le répète,
« venir à bout de détruire tous tes défauts et de ne
« plus faire de fautes. Notre-Seigneur connaît notre
« faiblesse et notre profonde misère. Nous relever le
« plus tôt possible, profiter de l'héritage de notre pau-
« vre père Adam pour acquérir l'humilité dont nous
« avons tant besoin, pour nous quitter nous-même
« et nous élever vers Dieu, voilà, chère sœur, ce qui
« doit nous occuper toute notre vie. Je me réjouis
« aussi en pensant qu'en approchant de la tombe
« je laisserai sur la terre quelques âmes qui prieront
« pour moi et travailleront à glorifier le Seigneur et
« à sauver des âmes mieux que je ne l'ai fait...

« Je te quitte dans le divin Cœur, où nous pourrons
« nous retrouver toujours, en attendant l'heureux
« jour où nous nous réunirons pour ne plus nous
« quitter. »

Cependant la dernière nièce de la Mère Saint-Stanislas, qui venait de se consacrer à Dieu, vit, peu de
temps après, sa santé s'altérer, et elle fut dans la néces-

sité de se condamner à un silence presque absolu. Ne pouvant plus prendre part aux exercices du chœur ni aux travaux qu'inspire le zèle, on lui confia, en dehors de ses heures de méditation et de prière, le soin et l'administration du jardin. Elle se hâta de faire connaître à sa vieille tante l'épreuve par laquelle le Seigneur la faisait passer afin d'obtenir le secours de ses prières. La Mère Saint-Stanislas s'empressa de voler à son secours, et de lui adresser quelques paroles d'encouragement et d'espérance comme la foi les suggère. L'épreuve devait se prolonger, et le ministère de charité de la bonne tante continuera son œuvre.

Il y a malheureusement quelques lacunes dans ces relations épistolaires ; mais il nous en reste assez pour voir ce que la foi, la charité et le zèle peuvent inspirer en pareille circonstance, avec la théorie la plus complète et la plus élevée de la conformité à la volonté de Dieu.

Au mois d'août 1882, la Mère Saint-Stanislas écrivait à la malade en plaçant au haut de sa lettre un grand *Fiat :* « Aujourd'hui j'apprends que tu es encore « muette, et condamnée à un rigoureux silence. N'est- « ce pas là une marque de la volonté de Dieu, qui « est très souvent contraire à nos goûts et à nos « désirs ? Ce qu'il y a de consolant, c'est que, en « tout et par tout, il veut nous sanctifier, et c'est bien « là aussi ce que que tu veux avant tout. Nous vou- « drions travailler à la gloire de Dieu et au salut des

« âmes en nous fatiguant et en nous dépensant, comme
« si le Seigneur avait besoin de nous et comme si
« nous étions capables de quelque bien. L'amour-
« propre se cache souvent sous cette apparence du
« bien. Il faut mourir au *moi*. Le bon Maître con-
« naît bien mieux que nous le chemin où il veut nous
« conduire. Laisse-le faire, tu sais qu'il t'aime ;
« sois toujours contente de lui, qu'il te donne des
« forces ou qu'il ne te laisse que la faiblesse, qu'il
« te rende la voix ou qu'il t'en prive. Que ce silence
« peut te faire de bien ! Ne le regrette pas, et
« profites-en. — Malgré tout, je t'en prie, prends tous
« les remèdes ou régimes qui te sont prescrits, car
« c'est là la pénitence que le Seigneur veut de toi,
« et ce n'est pas la plus légère que ces précautions
« et ces assujettissements demandés par l'obéissance
« aux malades et aux infirmes. Ne sois pas comme
« certaines jeunes religieuses, qui ne disent pas bien
« simplement ce qu'elles éprouvent, dans la crainte
« qu'on ne les empêche de suivre les observances.
« Elles font ainsi plutôt leur volonté que l'obéissance,
« qui ne connaissant pas leur état ne peut les soigner
« selon leur besoin. Sois bien simple, bien obéissante,
« et le bon Dieu fera ce qu'il veut de toi. Ton mal
« sera plus ou moins long, et exigera de la pa-
« tience : c'est ce que je demande pour toi. Quelque in-
« capable qu'on soit de rendre service dans les offices
« extérieurs, il nous reste toujours le moyen d'aider

« les autres par nos prières et nos souffrances. Ainsi,
« toujours patience et courage ! Fais-ce que tu peux
« et qu'on te permet. Avec le temps et des soins, tu
« pourras reprendre tes forces. Pour ta pauvre tante,
« elle n'a pas l'esprit d'en faire plus, mais bien de
« mieux faire : voilà ma richesse par les mérites du
« bon Jésus.

« Ne te laisse pas aller à la tristesse, et rends
« grâce à Dieu de tout. »

Autre lettre à la même sœur, après le Carême :
« *Alleluia* ! Après quelques jours de peine et de souf-
« frances, viendra le beau jour qui n'aura pas de nuit.
« Le Carême passe, comme la cinquantaine ; quand
« viendra l'*Alleluia* qui ne finira pas ?...

« Je souhaite que tu aies le bonheur de faire
« comme les autres. La vie commune est une grande
« jouissance... Mais je ne me préoccupe de rien,
« sachant que tu es sous l'obéissance. Quelle tran-
« quillité d'être ainsi entre les mains du bon Dieu !
« Il faut le bénir de tout, car il reçoit aussi bien les
« faibles que les forts, les petits que les grands. Pourvu
« qu'on soit soumis à sa volonté, c'est l'essentiel...

« Nous nous retrouverons au ciel pour ne plus
« nous quitter. Puissions-nous avoir accompli en
« tout et partout la très sainte et très aimable volonté
« de Dieu !... Notre tâche nous paraît rude en ce
« monde ; un jour nous comprendrons comme le Ciel
« nous a été donné pour rien. »

Le 1ᵉʳ septembre 1883 la Mère Saint-Stanislas écrivait encore à la même sœur : « Je ne t'ai pas oubliée
« le 15 août, pensant que tu as conservé ce beau jour
« pour ta fête, puisque tu as gardé ce nom en reli-
« gion…. Nous donnerons le nom de *Sainte-Anne* à
« notre première novice ; mais nous ne savons pas
« quand ce jour arrivera. Cependant quand nos
« salles sont pleines, comme en ce moment, à cause
« des grandes manœuvres, nous ne sommes pas trop
« nombreuses. Les jeunes religieuses ne sont pas
« aussi fortes que leurs anciennes, et il y en a souvent
« au repos forcé ; il faut attendre l'heure du bon
« Dieu, et se soumettre à sa volonté. — J'ai appris
« avec bonheur que tu étais mieux. Je pense donc que
« tu peux suivre les observances, et aller aux saints
« offices avec la Communauté, ce qui fait le grand bon-
« heur de la religion, surtout quand on est jeune.
« Malgré tes années selon le monde, tu ne fais que
« commencer en religion .. et tu dois désirer faire tout
« comme les autres. Ne prends pas mes paroles à la
« lettre, car s'il plaît au bon Dieu de te traiter en
« grande fille, il t'enverra bien des épreuves, et te
« privera de la jouissance de chanter ses louanges et
« de supporter les petites fatigues des emplois. Tout
« cela sera bon et bien bon, et ne va pas gémir sur
« ton sort ; il est bien le plus près du divin Cœur.
« Je crois que tu es toujours jardinière, et souvent
« je pense à toi. Tu ne dois pas manquer de besogne

« en ce moment... Sans doute que ton jardin t'occa-
« sionne plus d'une distraction ; mais tu peux aussi
« trouver là bien des sujets d'oraison. Il me semble
« que c'est le meilleur moyen d'en profiter. Cela me
« rappelle la comparaison que le bon Père Leleu,
« Jésuite, nous fit du pont de fil de fer de la Roc e-
« Bernard, qui était tout nouveau en ce moment, et
« qu'il avait été voir avec d'autres Pères. Ce malheu-
« reux pont lui revenait sans cesse à la pensée. Voyant
« qu'il ne pouvait pas s'en débarrasser, il se mit à for-
« mer un pont d'amour de Dieu, et à se servir de
« tout ce qu'il avait vu, en le tournant au spirituel.
« Il nous donna cet exemple pour nous aider dans
« les emplois où mille choses extérieures viennent
« souvent fatiguer l'imagination. Un autre Père
« avait pris la comparaison d'un jardinier et de
« tout ce qu'il avait à faire et à souffrir, pour mon-
« trer ce que nous devons faire et souffrir pour
« entretenir le jardin de notre âme et en tirer grand
« profit... ce que je te souhaite de tout mon cœur...
« Je te recommande notre jardinière. Je ne sais
« combien il y a d'années qu'elle est dans cet office.
« Comme toi elle a souvent des extinctions de voix
« et des misères. Je ne te souhaite pas de te tour-
« menter comme elle le fait pour la perte de ses fruits
« ou autre chose. Il lui manque un abandon total entre
« les mains de Dieu. Quand nous avons fait ce qui
« dépend de nous, pourquoi se tracasser ? Du reste son

« activité et son courage nous ont bien édifiées. Croi-
« rais-tu qu'après elle je serai la doyenne ? Voilà cin-
« quante-cinq ans depuis mon entrée dans la maison
« de mon Dieu. Remercie-le pour moi, chère sœur, et
« conjure ce bon Maître et notre divine Maîtresse de
« me faire bien employer le peu de temps qui me reste
« au doux service de ce bon Sauveur. »

En 1883 la Mère Saint-Stanislas eut la consolation
d'apprendre qu'un de ses petits-neveux (1), entré depuis
plusieurs années chez les Pères Eudistes, était appelé
pour se préparer à monter au saint autel. Elle s'empressa de lui écrire le 7 mai :

« Mon cher Eugène,

« M. G. m'avait annoncé la bonne nouvelle, et
« j'avais redoublé mes pauvres prières à ton intention.
« Déjà depuis longtemps je te recommandais d'une
« manière particulière. Combien je suis heureuse de
« ton bonheur et de celui de ta mère ! Que le bon Dieu
« est bon de t'avoir choisi, et de t'avoir préféré à tant
« d'autres, même de la famille, pour t'admettre à son
« saint service et t'honorer du sacerdoce, dignité dont
« ne peuvent jouir les Anges eux-mêmes ! Ah ! je
« comprends combien l'homme doit se trouver petit
« et faible à la vue d'un ministère si grand et si saint.

(1) Eugène de Closmadeuc, eudiste.

« Mais il connaît ta faiblesse et ton impuissance ; et
« dans son infinie bonté, il te revêtira de sa force et
« de sa toute-puissance. Ah ! que rendrons-nous au
« Seigneur pour tant de bienfaits ? Je m'unirai à toute
« la famille pour rendre grâce à Dieu de ses immenses
« bienfaits à ton égard, et je le conjure de te préparer
« dignement à tant de grâces. Je le conjure de faire
« de toi un ministre selon son cœur, plein de zèle
« pour sa gloire et le salut des âmes, et surtout un
« vrai, un saint Religieux.

« Je partage la joie du R. Père Félix, ton oncle,
« de voir, avant de mourir, un de ses petits-neveux
« lui succéder au saint autel, et offrir chaque jour
« la sainte Victime pour attirer sur notre famille les
« bénédictions célestes, et y conserver la foi de nos
« pères......

« Ce jour du 17 mai est d'autant plus remarquable
« pour moi, que c'est celui de ma naissance, et, je
« pense, celui de mon baptême. Soixante-treize ans !
« cela commence à compter et à annoncer le départ :
« ainsi demande pour moi une bonne mort.......

« Je tâcherai de suppléer à ma pauvreté en quêtant
« pour toi le plus qu'il me sera possible. J'ai tant à
« cœur que tu sois un saint prêtre !...... »

Une des dernières lettres de la Mère Saint-Stanislas
ne précédait sa mort que de quelques mois. Elle était
adressée à une de ses nièces, établie dans le monde, et
elle nous montre comme son cœur était toujours brû-

lant de charité et de zèle : « Je t'envoie ton titre d'asso-
« ciée de *l'Action de grâce*. Tu te rappelleras facile-
« ment le jour où, chaque année, sera offert le divin
« Sacrifice pour payer à Dieu ta dette de reconnais-
« sance. Je t'en prie, n'oublie jamais de bénir le Sei-
« gneur des moindres grâces. C'est le moyen d'en
« obtenir de nouvelles, et de bien se soumettre aux
« épreuves qu'il plaira à Dieu de nous envoyer.

« Je me console, en pensant que ta santé se sou-
« tient, et que tu sais trouver le bonheur dans le
« bon plaisir de Dieu et dans le bonheur des autres.
« Voilà bien le moyen d'être toujours contente.

« Nous voilà arrivées à la mi-carême. Quant à moi,
« je ne m'aperçois guère du temps de pénitence. Mais,
« grâce à Dieu, je n'en réponds pas, étant sous l'obéis-
« sance. Nous avons toujours dans la Communauté
« quelques malades, ce qui embarrasse quelquefois
« pour les emplois. Cependant, avec l'aide du bon
« Dieu et la bonne volonté de nos sœurs, tout s'est fait
« avec joie et courage. Nous espérons que Pâques va
« nous apporter de meilleures santés, si telle est la
« volonté du bon Maître, puisqu'avant tout nous ne
« voulons que son bon plaisir.... Ce que tu me dis de
« ta manière de vivre me réjouit le cœur. Dieu soit
« béni de te donner une vie calme, pieuse et éloignée
« du grand monde. Tu trouveras là plus de bonheur
« et moins de trouble. »

VI

MAITRESSE DES NOVICES.

Suivons maintenant la Mère Saint-Stanislas dans les postes importants de Maîtresse des novices et de Supérieure, qu'elle a occupés pendant de longues années. Elle fut appelée, dans un âge relativement peu avancé, à prendre une part active à la direction de la Communauté, et dans les charges les plus difficiles. Elle n'avait que vingt-sept années d'âge et neuf de vie religieuse, quand, aux élections de 1837, elle fut choisie pour être *Maîtresse des novices*, charge qu'elle a remplie pendant dix-huit ans. Ce beau témoignage d'estime et de confiance, donné à sa vertu, effraya et alarma son humilité. Elle n'eut rien de plus pressé que d'en donner avis à son frère Arthur, assurée qu'elle était de trouver près de lui lumière et consolation. Elle reçut en effet la lettre suivante, bien faite pour relever son courage :

« Vous ne m'annoncez rien de moins, si je ne me
« trompe, que votre nouveau poste de Maîtresse des
« novices. Voilà bien de quoi embraser votre charité.
« Quel plus beau champ pour le zèle! C'est centu-
« pler son œuvre que d'apprendre à aimer et à servir
« Dieu en toute simplicité et humilité de cœur, à

« celles qui devront un jour, et tout le temps de leur
« vie, travailler à répandre cet amour. Que pouvons-
« nous faire de mieux que de chercher ainsi à sup-
« pléer par les autres à ce que nous ne pouvons ja-
« mais faire assez bien nous-mêmes ! Vous avez déjà
« senti ce besoin bien des fois de faire goûter à d'au-
« tres ce que vous avez commencé à sentir vous-même.
« Le soleil ne conserve pas son éclat pour lui seul,
« et la plus faible lumière ne laisse pas de jeter au-
« tour d'elle quelques rayons. N'aurions-nous qu'une
« étincelle du divin amour dans le cœur, il ne peut
« y être sans que nous cherchions à le communiquer.
« Nous ne sommes pas chrétiens pour nous seuls, et
« isolés en ce monde comme si les intérêts de la
« grande famille ne nous regardaient pas. Bien moins
« sommes-nous religieux pour dormir tranquilles au
« milieu des efforts de l'ennemi du salut qui · ne se
« repose pas, tant qu'il trouve des victimes à faire.

« Jetons à pleines mains tout ce que nous avons,
« tout ce que Dieu nous dit, sur ceux qui nous en-
« tourent. Cette aumône d'un cœur généreux, tout
« pauvre qu'il est, vaut bien le verre d'eau froide qui
« sera cependant si largement récompensé. Il y a là
« tout le ministère de ces Esprits célestes qui veillent
« près de nous, et qui ne s'occupent que de nous con-
« duire à Dieu. Après cela, parlons encore de misère et
« d'impuissance ! Et ne voyez-vous pas que l'instru-
« ment le plus indigne est celui qui fera triompher da-

« vantage l'œuvre de Dieu. Nous ne sommes que l'ins-
« trument, laissons la main qui le tient le choisir
« comme il veut, et l'employer comme il veut. Il y a
« toujours bien à gagner en conduisant les autres, si
« on n'oublie pas de s'adresser à soi-même tout ce
« qu'on peut avoir à leur dire, et de profiter de
« leurs défauts pour tâcher de mieux apercevoir les
« nôtres, et de leurs vertus pour apprendre à ne pas
« rester en arrière. »

La Mère Saint-Stanislas se mit aussitôt à l'œuvre, avec un ardent désir d'aider de son mieux les âmes qui viendraient frapper à la porte de la maison de Dieu, et de former pour la religion des membres utiles et dévoués. Le Seigneur lui avait donné le précieux talent de se faire aimer et en même temps d'inspirer la confiance. C'était souvent pour une jeune postulante le premier adoucissement au grand sacrifice qu'elle venait de faire, en échangeant le toit paternel et les douceurs de la vie de famille contre une vie nouvelle, où tout paraissait si dur à la nature.

« Sa charité, disait une religieuse qu'elle avait for-
« mée, m'a rendu les devoirs faciles, et m'a fait oublier
« les épreuves qu'a subies ma vocation. Dès mon en-
« trée, je devinai ce que devait être le cœur de cette
« bonne Mère, un cœur brûlant et débordant de cha-
« rité. Elle a été pour moi l'ange consolateur, la Su-
« périeure toujours indulgente. Sa sollicitude mater-
« nelle m'a aidée puissamment dans le sacrifice que

« je venais de faire en me séparant d'une mère ten-
« drement aimée. J'ai conservé de sa bonté, disait-elle
« encore , un souvenir particulier qui m'arrache
« toujours des larmes de reconnaissance. Je tombai
« malade pendant mon noviciat. Le docteur pres-
« crivit un traitement que je trouvais pénible et
« humiliant. Plutôt que de laisser l'infirmière près de
« moi , la Mère Saint-Stanislas eut la charité de venir
« tous les soirs me donner elle-même tous les soins.
« Elle passait une demi-heure dans ma cellule, et pour
« m'éviter une petite confusion, elle prenait toujours
« le temps de me faire une lecture. « C'était, disait-elle,
« lui rendre un vrai service, car elle était ainsi assurée
« de faire cet exercice, qui était tout profit pour
« elle. » Malgré ses nombreuses occupations, elle
« trouvait encore moyen de me prendre assez souvent
« dans sa chambre, et j'en sortais toujours réconfortée.»

Une des   premières préoccupations de la zélée
Maîtresse était d'étudier d'abord les vocations. Avec
son sens droit et son esprit pratique, elle cherchait à
constater au moins en germe trois dispositions, dont
l'expérience a toujours reconnu la haute importance :
un jugement droit, un caractère maniable, et une vraie
bonne volonté.

La Mère Saint-Stanislas consacrait tout son temps
à l'éducation religieuse de ses filles, ne se réservant
même pas les petits moments libres qu'elle aurait pu
employer à la prière ou à son usage personnel. Elle

croyait avec raison ne pouvoir en trop faire pour former ces jeunes âmes aux grands principes de la vie spirituelle, qui devaient être les fondements de leur vie religieuse. Sa propre expérience et les avis salutaires qu'elle avait reçus elle-même de ses sages directeurs, lui avaient tracé la bonne voie, et elle s'efforçait d'y maintenir ses novices. Elle leur recommandait surtout : — de ne jamais écouter le trouble ni le découragement ; — de recourir fréquemment à Dieu avec foi et confiance ; — de combattre les difficultés de la vertu avec patience et générosité.

Elle savait que l'œuvre à laquelle elle était appliquée, intéressait la Communauté entière pour le présent comme pour l'avenir, et cette pensée de foi soutenait son courage.

Elle s'appliquait à donner à ses novices la connaissance et l'amour de leur Institut et de ses règles, pour les préparer à la vie de dévouement nécessaire au soulagement de tous les genres d'infirmités temporelles et spirituelles, triste apanage de la pauvre humanité.

Elle voulait aussi qu'au service de Dieu on conservât toujours un cœur dilaté, et que, malgré tous les sacrifices que le bon Maître lui demande, il comprît son bonheur de travailler à son œuvre et de faire toujours sa sainte volonté. Elle faisait une guerre obstinée aux caractères tristes ou mélancoliques, et elle donnait la première l'exemple d'une sainte joie. Aux heures de récréation et surtout les jours où les moments de

délassement étaient prolongés, elle payait de sa personne pour entretenir la joie commune. Elle se prêtait avec une complaisance admirable à ces délassements et même à ces enfantillages, qui égayaient
les plus jeunes. Elle riait de tout son cœur et jusqu'aux larmes pour des riens. On l'a vue même remer-
cier alors ses jeunes sœurs de l'avoir récréée.

Le devoir pénible de sa charge, et qui répugnait à
son humilité autant qu'à sa timidité naturelle, était de
remarquer les défauts de ses novices et de les redres-
ser. Elle attribuait cette répugnance en grande partie
à son amour-propre, et elle travailla courageusement à
la combattre, mais sans parvenir à la détruire. Nous
trouvons sur ce sujet cette note écrite de sa main :
« Regarder les défauts des autres lorsque je n'ai pas
« assez d'yeux pour voir les miens, me fait éprouver
« une honte que je ne puis rendre. »

La défiance qu'elle avait d'elle-même lui faisait
toujours recourir à la prière avant d'adresser un repro-
che, non seulement pour rester dans les limites de la
vérité, mais aussi pour disposer les cœurs à le recevoir. Elle prenait même toujours soin de tempérer
l'amertume de la réprimande par quelques paroles
inspirées par la foi, comme celles-ci : « Si vous vou-
« lez plaire à Dieu et avoir droit à des grâces signalées,
« vous devriez combattre énergiquement tel défaut » ;
ou bien encore : « Il faut, ma sœur, prendre patience
« avec vous-même. Nous aurons toujours des défauts ;

« avec de la constance et le secours de Dieu, nous
« sommes sûres d'arriver à les dominer. »

La bonne Mère savait aussi inculquer à ses novices
les principes salutaires et qui devaient leur servir de
règle de conduite pour le reste de leur vie. « Voulez-
« vous être heureuse en Religion, disait-elle à une
« jeune sœur, et vivre en paix avec tout le monde ?
« Sachez vous mettre de côté le plus que vous pourrez,
« et faites abnégation de votre volonté pour laisser
« régner toujours la charité. Souvent vous ne pourrez
« pas contenter les hommes, mais le bon Dieu sera
« satisfait. Que pouvez-vous chercher de plus ? »

Elle voulait qu'elles fussent saintement jalouses de
porter dignement le nom d'hospitalières de la Miséricorde-de-Jésus, qui leur rappelait une des fins de leur
vocation, et les attachait au soulagement de tous les
genres de misère. Elles pouvaient ainsi travailler efficacement à la gloire du divin Sauveur. Pour arriver là,
il fallait le détachement de soi-même et des créatures,
ce qui suppose la lutte et le combat contre tout ce
qui peut entraver l'action de la grâce : voilà la grande
loi du renoncement, puissant ressort et caractère de la
véritable sainteté. La Mère Saint-Stanislas avait été
dès sa jeunesse initiée par ses directeurs à la mettre en
pratique, et par expérience elle en constatait depuis
longtemps les heureux résultats. Elle l'avait trouvée en
action dans la vie de tous les saints, et elle connaissait l'adage de l'auteur de l'*Imitation :* « Votre pro-

grès dans la vertu sera en proportion de vos victoires sur vous-même. » C'était la haine de soi-même dans le sens que Notre-Seigneur la recommandait à ses disciples, c'est-à-dire la destruction en nous de tout ce qui est opposé à l'Esprit de Dieu, et qui vient de nos mauvais penchants.

Cette disposition à la lutte contre elles-mêmes habituait les novices à se mettre souvent en face de leurs défauts, et à ne pas s'en étonner, puisque, malgré nos combats et même nos victoires, il est difficile qu'il n'en reste pas quelques racines vivaces dans notre nature corrompue! Voilà pourquoi les cœurs généreux sont facilement mécontents d'eux-mêmes, mais sans compromettre leur confiance en Dieu, et sans rien perdre de l'espérance ni du désir constant de mieux faire.

Elle demandait quelque chose de plus. Elle leur suggérait un principe qu'elle savait mettre en pratique avec grand avantage : « Quand nous apercevons « nos fautes, il faut absolument nous punir, si nous « voulons nous corriger, et ne pas nous lasser de « recourir au même moyen, sans jamais nous décou- « rager. Ce serait le plus grand mal qui pourrait nous « arriver, puisqu'il arrête tout progrès. Dans le monde, « bien des âmes se perdent par présomption ; dans la « religion, le plus grand obstacle vient du découra- « gement. Quand on retombe dans les mêmes fautes « ou même dans de plus graves, se chagriner et se

« désespérer serait faire comme un coureur qui, venant
« à tomber, s'arrêterait à considérer son malheur,
« tandis qu'un autre, qui n'a pas oublié son but, se
« relève avec empressement après sa chute, et, dans
« le désir d'arriver, se remet à courir avec plus d'ar-
« deur. »

VII

SUPÉRIEURE.

La sagesse et la dextérité de la Mère Saint-Stanislas dans sa fonction de Maîtresse des Novices avaient
donné une trop haute idée de son talent d'administration pour qu'aux élections suivantes le Chapitre ne
jetât pas les yeux sur elle pour l'appeler à la supériorité. Elle fut élue en effet au mois de mai 1843, bien
qu'elle ne fût âgée que de trente-trois ans ; mais la vertu
suppléait chez elle au nombre des années. « C'est surtout comme Supérieure, disait une de ses sœurs, que
j'ai pu admirer l'œuvre de Dieu en elle, et m'édifier en
voyant les trésors de grâce et de vertu que possédait
cette âme d'élite. »

Aussitôt après sa nomination, elle l'annonça à son

frère Arthur, autant pour recevoir ses conseils que
pour obtenir le secours de ses prières. Il ne tarda
pas à lui répondre. Il lui disait : « Quant aux hon-
« neurs qu'on vous condamne à recevoir, il ne faut
« pas y voir autre chose que la fatigue et les ennuis
« de tout genre qui vous attendent. Ils vous feront
« connaître que Dieu veut bien se servir de vous pour
« aider les autres à s'avancer dans son service. Une
« bonne Supérieure ne fait pas autre chose, du matin
« au soir, que la bonne œuvre de soigner des âmes.
« Elle va derrière chacune de ses Sœurs qu'elle vénère
« et qu'elle chérit quelle que soit leur faiblesse, et sou-
« lève leurs croix pour alléger leurs peines. Elle aime,
« elle avertit, elle console, elle patiente, elle prie, et
« quand elle a passé sa journée bien dérangée, bien
« contrariée, bien tourmentée, elle s'endort le soir
« bien tranquille, pour recommencer le lendemain,
« et tant qu'il plaira à Dieu, sans qu'il lui faille autre
« chose que la grâce de mieux aimer Notre-Seigneur,
« et d'en être mieux aimée. Suivons donc Notre-Sei-
« gneur de manière à n'avoir pas trop à regretter un
« jour de n'avoir pas su profiter, comme nous le pou-
« vions, de tant de facilité pour nous sanctifier. »
Son frère lui écrivait encore dans une circonstance semblable : « Je comprends vos appréhensions.
« C'est pour vous un peu plus de difficultés et de
« soucis, mais c'est aussi l'occasion de soutenir, de
« consoler, d'aider les autres, et de s'aider soi-même

« de tous les conseils que l'on donne. Allons donc
« toujours joyeusement notre chemin à travers les
« petites peines qui sont les graviers de la route ; et
« les graviers deviendraient-ils des rochers, le Sei-
« gneur sera là pour nous les faire franchir. »

La Mère Saint-Stanislas fut appelée trois fois à
prendre le gouvernement de la Communauté. Elle se
soumettait avec humilité et résignation à ce qu'elle
regardait avec raison comme une expression de la
volonté de Dieu. Elle appliquait ce principe plein de
sagesse qu'elle s'était donné pour règle, et que nous
trouvons dans une de ses notes : « Je dois regarder,
« avec des vues de foi tout ce qui m'arrive, ne pou-
« vant douter que tout est conduit par la divine Provi-
« dence, et que mon bon Maître permet et veut ce qui
« est pour mon plus grand bien. »

A sa seconde élection elle fait avec le même courage
le même acte de résignation : « Je vais, écrit-elle,
« recommencer trois années de pénitence et de sacri-
« fices. Je veux tâcher de les employer, ô mon Dieu,
« à votre plus grande gloire et à ma perfection. Je les
« regarde comme un présent de ma bonne Mère. Vous
« me faites entrevoir que vous voulez que je vous
« suive dans votre vie de renoncement et de contra-
« riété. Soyez-en béni ! Non, je ne tiens pas à la
« terre, et partout où je vous trouverai, je pourrai
« être heureuse. »

Ces preuves de haute confiance que la Mère

Saint-Stanislas recevait de ses sœurs, n'altéraient pas ses sentiments d'humilité. Elle s'en exprima un jour avec simplicité devant une de ses nièces, après sa troisième élection. Elle lui dit avec émotion : « Que « veux-tu, ma fille ? Ce qui me peine en recevant ce « fardeau, c'est qu'il faut que la Communauté soit « bien pauvre en sujets pour aller chercher dans un « coin un vieux meuble, mis au repos comme inca- « pable de servir. Je me console en me disant : les « Supérieures sont comme les bornes, qu'on met sur « les chemins pour indiquer la route aux voyageurs. « Ces bornes portent des chiffres qui marquent les « distances. Sur nous aussi on met la règle, qui mon- « tre le chemin. »

La pensée qu'elle devait être pour ses sœurs une règle vivante ne la quittait pas, et donnait à toute sa conduite un caractère de régularité qui devenait une vraie prédication. Elle savait ce que l'amour et la pratique fidèle des règles produisent de bien dans toute une Communauté comme dans les individus. Saint François de Sales n'a pas craint de dire : « La « prédestination des âmes religieuses est attachée à « l'amour et à la pratique de leurs règles. »

Nous laisserions dans l'oubli un des plus beaux caractères de l'autorité de la Mère Saint-Stanislas si nous ne disions rien de sa charité.

Elle avait vraiment pour ses sœurs le cœur d'une mère. Dans sa sollicitude elle ne semblait préoccupée que de leurs besoins. Elle avait l'avantage de conserver une douceur inaltérable dans toutes ses relations, et une égalité de caractère qui prévenait toujours en sa faveur. Il était facile de s'apercevoir, quand on l'avait connue un peu intimement, qu'elle était toujours sous l'action d'un principe intérieur et conduite par Celui qui a dit de lui-même: « Apprenez de moi « que je suis doux et humble de cœur ! »

« J'ai été bien des années sous sa direction, écrit « une des religieuses qui l'a le mieux connue, et je « l'ai toujours trouvée la même, remplie de bonté « surtout pour ceux qui souffrent, et portant tous les « cœurs à la confiance. Jamais elle ne m'a fait de « peine. Sa compassion pour les faibles était sans « borne.

« Elle a été pour moi l'ange consolateur, la mère « compatissante, la Supérieure toujours remplie d'in- « dulgence. Mal pourvue de forces pour les emplois « de la charité, je trouvais dans ses encouragements « le moyen de suppléer à ce qui me manquait. »

Cependant sa grande préoccupation était pour ses sœurs malades. Il serait difficile de s'imaginer de quelle attention et de quels soins elle les entourait. Elle multipliait ses visites, et voulait s'assurer par elle-même si elles avaient reçu tous les soulagements dont elles pouvaient avoir besoin. Ses soucis redoublaient, comme ses prières et ses anxiétés, quand elle voyait ses sœurs dans le dernier combat, et rien ne lui coûtait pour les aider à entrer avec confiance dans leur éternité.

Il y avait quelquefois dans la charité de cette bonne Mère une délicatesse et une industrie qui ont ému plus d'un cœur. En voici un trait. Elle avait remarqué qu'une jeune sœur obligée de manger très lentement, ne pouvait jamais finir son repas en même temps que les autres. Elle lui recommanda de prendre son temps sans se troubler. Plus d'une fois la Mère Saint-Stanislas traîna elle-même son repas en longueur pour lui tenir compagnie, et elle lui faisait un petit signe d'encouragement, comme pour lui dire : « Ne vous pressez pas : je n'ai pas encore fini moi-
« même. »

Comme Supérieure, la Mère Saint-Stanislas était la dispensatrice des aumônes de la Communauté, et quand elle le pouvait, elle ne cédait ce rôle à personne. Elle se regardait comme la servante des pauvres, et elle ne faisait pas difficulté de se déranger pour le dernier mendiant. Son but n'était pas seulement de soulager sa misère, mais de pouvoir en même temps arriver à son cœur et lui inspirer quelque sentiment de foi et de piété.

Elle se chargeait surtout elle-même de ces messages, quand il y avait plus de difficulté à les remplir. Elle fut un jour appelée au parloir par une pauvre femme qui venait solliciter un secours pour l'aider à payer son loyer. Or la Supérieure se trouvait en ce moment-là dans un grand embarras financier, et dans l'impossibilité de lui venir en aide. Elle tint à porter elle-même cette pénible réponse, afin d'en adoucir l'amertume par quelques paroles d'encouragement, et elle y réussit si bien que la pauvre femme se retira toute résignée en disant: « Refuser. pour la bonne Mère, c'est comme donner. »

Grâce à l'esprit de foi dont elle était animée, la Mère Saint-Stanislas savait tirer avantageusement parti de sa position pour son bien spirituel. « Je dois regarder », écrivait-elle en 1852, « comme un moyen de m'avancer, « les petites contradictions que j'éprouve dans mon « emploi, le peu de temps que j'ai souvent pour mes « exercices spirituels, et pour mes travaux ordinaires. « Plus j'aurai de peine et de fatigue, plus cela me « servira de pénitence. »

Elle ne voulait pas que pour elle, à titre de Supérieure, on fît jamais aucune exception à la règle, et elle exigeait qu'on la traitât comme tous les autres membres de la Communauté. Or, un jour, la sœur chargée du réfectoire ayant remarqué que la Mère Supérieure, qui aimait beaucoup le lait, n'en avait pas pris à midi, avait mis à part sa portion pour la lui servir le soir. Elle fut sévèrement reprise pour avoir agi par un mouvement trop naturel et sans tenir compte des observances religieuses.

3**

Sa dévotion envers la très sainte Vierge qu'elle avait si bien honorée depuis son enfance, la poussa à élever dans le jardin de la Communauté une petite chapelle, sous le titre de *Notre-Dame de Paix*. Elle voulait qu'elle fût un monument de reconnaissance pour la rentrée des sœurs dans l'hôpital, après la Révolution en 1804, en même temps qu'un pieux sanctuaire toujours ouvert à la piété et à la confiance envers la Reine du ciel pour tous les besoins présents et futurs.

Elle obtint pour la Communauté un diplôme d'agrégation à l'Archiconfrérie de Notre-Dame des Victoires à Paris, afin que les religieuses pussent profiter des privilèges qui lui sont accordés, et prendre part au bien immense qu'elle produit dans les âmes par la conversion des pécheurs.

Le même sentiment lui fit désirer une autre faveur. La chapelle de l'hôpital était dédiée à la très sainte Vierge ; mais elle n'avait pas de titre canoniquement établi. La Mère Saint-Stanislas obtint du Chapitre de demander à Mgr l'évêque que la fête de la Visitation, dont le mystère répondait si bien à l'esprit d'un Institut tout dévoué aux œuvres de miséricorde, devînt la fête patronale de ce sanctuaire. L'évêque confirma ce choix avec un Office propre, et éleva cette fête au rit de première classe.

Elle travailla à la décoration et à l'embellissement de cette chapelle. Elle dut à la générosité d'un de ses frères (1) de substituer aux deux vieilles statues de Notre-Dame de Charité et de saint Augustin, patron de l'Ordre, des statues nouvelles et d'un bon goût. En même temps, pour donner plus d'éclat aux offices solennels et fortifier les voix, elle introduisit un harmonium qui soutenait le chant.

Pendant sa supériorité de 1871, elle eut la consolation de donner à Notre-Seigneur dans la sainte Eucharistie un nouveau témoignage de son amour et de son zèle. Monseigneur l'évêque de Vannes venait d'établir dans toutes les paroisses de son diocèse qu'un jour serait consacré, chaque mois, à l'exposition du Saint-Sacrement et à l'Amende honorable. Les religieuses hospitalières d'Auray sollicitèrent la faveur d'entrer dans ce concert du culte réparateur, et elles l'obtinrent sans peine.

Le plus grave événement qui signala la supériorité de la Mère Saint-Stanislas, fut l'annexion de l'hospice des vieillards et des orphelins à l'hôpital des malades. Cette affaire occupa et agita beaucoup les esprits, et menaça même un instant l'existence de la Communauté.

Grâce à des fondations déjà anciennes, la ville d'Auray possédait deux établissements pour subvenir aux besoins des malades, des vieillards et des orphelins : l'hôpital qui pouvait disposer de 60 lits environ

(1) M. le docteur Martin-Lauzer.

et qui était tenu par les hospitalières de la Miséricorde, et l'hospice établi dans l'ancien couvent des Capucins, sous la conduite des sœurs du Saint-Esprit. Une seule administration formée par le Conseil de ville dirigeait les deux maisons. Quelques conseillers, peu favorables aux idées religieuses, conçurent le plan de réunir les deux établissements dans un même local, et avec une seule direction. Ils croyaient pouvoir simplifier ainsi le service et réaliser des économies. Leur projet fut adopté et son exécution résolue.

Cependant cette mesure rencontrait de sérieux obstacles. Les bâtiments de l'hôpital se trouvaient insuffisants pour ces nouveaux besoins. Il fallait nécessairement envahir le cloître et une partie du couvent, et obliger les religieuses, moyennant une indemnité, à construire un nouveau cloître et une partie du monastère. De plus, les religieuses, qui s'étaient vouées au service des malades, voyaient compliquer leur œuvre du soin des vieillards et des enfants.

On voulut même un moment exiger d'elles un service en opposition directe avec leur vœu de clôture. Les administrateurs demandaient qu'une religieuse accompagnât les enfants, quand chaque semaine ils se rendraient aux offices de la paroisse ou à la promenade.

Ils finirent cependant par comprendre l'injustice d'une pareille mesure, et ce soin fut confié à de pieuses filles qui vivaient dans la Communauté sous la forme de sœurs tourières, avec un costume religieux et des vœux annuels.

Pour aider à l'heureuse solution de cette grave affaire, la Mère Saint-Stanislas sentit le besoin de recourir au Ciel. Elle fit multiplier les prières, les neuvaines, les communions, les bonnes œuvres. Les 1er et 2 octobre 1845, elle vit enfin cette annexion s'opérer. L'hospice fut mis sous la protection de saint Joseph et en prit le nom.

Ce résultat ne put pas s'obtenir sans des tracasseries et des déboires de toutes sortes ; on alla jusqu'à faire des enquêtes malveillantes sur le service et le régime intérieur de l'hôpital. Des plaintes injustes, quelques paroles imprudentes des domestiques servirent d'aliment à la calomnie.

La Supérieure ne fut pas plus épargnée que les autres. Elle vit mal interpréter ses meilleures intentions, et blâmer ses plus sages mesures. Elle trouva de l'opposition, même dans des ecclésiastiques et des séculiers, qui auraient dû être les premiers à la soutenir.

Ces tracasseries et ces hostilités n'eurent qu'un temps, et pleine justice fut rendue ensuite aux services et au dévouement des servantes de Dieu. La lutte, qui eut des moments si pénibles pour la Mère Saint-Stanislas, ne suscita jamais dans son cœur un mouvement d'aigreur ou de ressentiment. Elle n'y trouva qu'une nouvelle occasion de bénir la divine Providence de la protection qu'elle accorde à ceux qui voient en tout son action bienfaitrice. Elle conserva au milieu des évènements une paix inaltérable. On le vit bien dans un grave accident dont fut victime un des ouvriers de la nouvelle bâtisse, et qui causa un grand émoi dans la Communauté. « Je ne m'effraie « pas de ce malheur, dit la bonne Mère ; je sais que « tout arrive par la permission de mon Père céleste, « et qu'il peut, s'il le veut, en tirer sa gloire. »

Elle montra la même résignation à la mort d'un jeune prêtre de grand mérite, auquel elle s'intéressait beaucoup, et qui avait été en relation avec la Communauté : « Que les jugements de Dieu sont impéné-« trables, écrivait-elle à cette occasion ! Il appelle à « lui un digne ministre des autels dans un temps où « les bons prêtres sont si nécessaires. Mais le fruit « était mûr. Le Maître a bien le droit de le cueillir « quand il lui convient. »

La Mère Saint-Stanislas eut toutes les sollicitudes des constructions nouvelles que demandait le nouvel état de choses. Elle profita de ces changements pour transporter l'entrée principale du couvent dans le nouveau corps de logis avec des parloirs plus spacieux et un logement pour le chapelain hors la clôture. Pour attirer les bénédictions du Ciel, elle fit mettre dans les fondations des médailles des Sacrés-Cœurs, des saints Anges et des saints protecteurs de la maison. Sur la façade principale et dans la position la plus visible, elle installa la statue de Notre-

Dame des Anges, comme la Reine de ces lieux. Les parloirs furent consacrés aux saints Anges, et dans le nouveau cloître on plaça les statues de Notre-Dame d'Espérance, de saint Joseph, de saint Michel, de l'Ange Gardien et de saint Pierre.

* * *

VIII

NOCES D'OR.

Dans l'humble asile de la retraite où venait de s'écouler sa longue carrière, il fut donné à la Mère Saint-Stanislas de célébrer les noces d'or de sa profession religieuse le 4 février 1880 (1). La Communauté comptait en ce moment vingt-six professes de chœur, neuf professes converses et une novice de chœur.

Cette fête faisait revivre un souvenir, qui semblait ne rappeler que les larmes de la séparation de la famille et le sacrifice de la jeune victime; mais les bénédictions du Ciel avaient transformé cet anniversaire en un jour de pieuse joie et de solennelles actions de grâces.

(1) Cette date devançait de quelques jours le vrai anniversaire des vœux, qui cette année-là tombait en carême.

Les deux familles, celle que la religieuse avait laissée dans le monde, comme celle qui l'avait adoptée depuis 5o ans, allaient prendre part à la joie commune. La première partie de la fête fut toute religieuse, et se passa aux pieds des autels. Rien de plus juste : c'est là qu'avait commencé cette vie nouvelle, que le Ciel devait prolonger pendant un demi-siècle. Comme au jour du premier sacrifice, le pieux sanctuaire était paré de ses plus beaux ornements. Une réunion nombreuse de parents et d'amis remplissait déjà l'enceinte sacrée. La jubilaire, entourée de ses sœurs, avait pris place au poste d'honneur près de la grille, et à côté d'elle brûlait le flambeau mystérieux, témoin de ses premiers serments et orné encore de sa couronne virginale de roses blanches. Cependant le divin Sacrifice s'achève; et, au moment de s'asseoir au banquet eucharistique, la victime volontaire a renouvelé à haute voix l'offrande des jours de sa jeunesse. En même temps des chants de joie et de triomphe ont retenti, et tous les cœurs ont redit avec transports l'hymne de la reconnaissance.

Après la cérémonie pieuse, la jubilaire fut conduite dans la salle de Communauté, où, devant ses sœurs réunies, allait commencer la fête que nous oserons appeler profane, mais qui était tout inspirée et sanctifiée par les pensées de la foi. Les murs avaient disparu sous une gracieuse décoration inspirée par la circonstance; partout s'étalaient des festons, des banderoles à couleur variée, des oriflammes, des écussons avec des inscriptions et des emblèmes qui rappelaient les principales époques de cette longue carrière et les divers emplois qu'elle avait remplis.

Ensuite se succédèrent des pièces de vers et des couplets chantés, qui exaltaient les vertus et les services de la vénérable Mère. On rappela jusqu'au petit panier légendaire qu'elle tenait toujours au bras, et qui témoignait si hautement de son amour pour le travail et pour les pauvres Il fut porté en triomphe, orné de fleurs et de rubans avec une couronne de lauriers.

Après tous ces témoignages d'affection, de reconnaissance et de vénération, la Mère Saint-Stanislas voulut aussi exprimer la joie et la gratitude de son cœur, et elle lut la petite pièce suivante d'une voix émue :

> Mon bonheur, ma reconnaissance
> Ne se peuvent exprimer :
> Néanmoins, dans mon impuissance,
> Laissez-moi vous répéter
> Que dans ce vertueux asile,
> Vivant depuis cinquante ans,
> J'ai passé heureuse et tranquille
> Près de vous tous mes instants,
> Que toujours dans ce monastère
> (C'est le souhait de mon cœur
> Pour une famille si chère)
> La paix règne et le bonheur !
> Puis, si ma prière est féconde,
> Daigne le divin Jésus
> Nous réunir, après ce monde,
> Au Ciel avec ses élus.

A midi, le repas de la fête réunissait à l'hospice les membres de la famille de la Mère Saint-Stanislas avec quelques amis. Il était servi à leurs frais. Pour souvenir, chaque invité trouva sous son couvert une petite rose artificielle, travail des religieuses.

Le lendemain la fête se transportait dans le service des malades et des pauvres, dont la Mère Saint-Stanislas avait fait pendant si longtemps ses adoptés et ses enfants. Elle leur distribua un repas abondant, dont sa famille du monde fit encore la dépense.

Ses frères et sœurs voulurent laisser à la chapelle de la Communauté un souvenir de cette belle fête : ils lui donnèrent de fort belles burettes richement ornées, avec un plateau en verre émaillé, qui portait la date de la profession dont on célébrait si solennellement l'anniversaire.

En mémoire de cette fête, la Mère Saint-Stanislas se trouva heureuse de pouvoir distribuer à ses sœurs des images du Sacré-Cœur peintes par une de ses nièces, religieuse eudiste, qui lui avait ménagé cette surprise.

Toutes ces joies innocentes dont elle venait d'être l'occasion, ne servirent qu'à augmenter dans son cœur une vive reconnaissance envers Dieu pour tant de bienfaits. Elle s'en rend compte à elle-même dans une courte note, tout embaumée d'un parfum d'humilité : « Vraiment, écrit-elle, la religion est bien « bonne pour donner à ses enfants quelques instants « de joie et de bonheur, même à la fin de la vie, quand

« on ne peut plus être utile, et qu'on est plutôt une
« charge ; mais la charité ne calcule pas et aime à
« dilater les cœurs. »

IX

MALADIE ET MORT.

C'est surtout sur la couche de la douleur et dans les
crises du dernier combat, qu'il est salutaire de contem-
pler les âmes vraiment dévouées à Dieu. La dernière
lutte de la Mère Saint-Stanislas n'a pas été longue ;
mais que d'exemples consolants elle a laissés ! Et c'est
bien à elle que nous pouvons appliquer l'adage con-
firmé par l'expérience : « telle vie, telle mort. »

Jamais elle ne fut plus humble, plus affable, plus
patiente, plus mortifiée, plus obéissante, plus unie à
Dieu, ni plus résignée à sa sainte volonté.

Cette bonne Mère fut surprise en ce sens que rien
dans les jours qui avaient précédé ne semblait annoncer quelque altération dans l'état de sa santé. Mais elle
avait toujours, comme une sentinelle vigilante, tenu
son âme prête à tout évènement. Elle ne voulait pas,
comme les vierges folles, être surprise par l'arrivée
de l'époux sans avoir sa lampe allumée et avec sa pro-

vision d'huile. C'est une pensée qui revient souvent dans ses écrits ; et elle profitait surtout des jours de retraite qu'elle faisait dans le courant de l'année, pour renouveler cette heureuse disposition.

Le Ciel sembla cependant vouloir aider cette belle âme à faire ses derniers préparatifs. La Mère Saint-Stanislas veillait les malades à l'hôpital quelques jours avant sa maladie, et elle cherchait à s'unir à Dieu par la prière, quand elle fut subitement frappée d'une vive lumière qui lui fit pressentir sa fin prochaine. Elle la reçut avec simplicité comme un avertissement du Ciel, et se mit immédiatement à mettre de l'ordre dans ses affaires et à se préparer à tout évènement. Dans la dernière retraite qu'elle fit en mars 1883, on remarqua en elle un redoublement de ferveur. Elle paraissait plus recueillie, parlait peu, et sa charité était plus parfaite.

Le jeudi 3 mai, les religieuses se disposaient à honorer le lendemain sainte Monique, nom de baptême de la Mère Saint-Stanislas. Il y eut un petit extra de récréation pour lui souhaiter cette fête. Cette bonne Mère se montra très joyeuse, et prit part avec entrain à quelques petits jeux et aux rafraîchissements qui avaient été servis en son honneur.

Le lendemain, au sortir de l'oraison du soir, vers 4 h. 1|2, la Mère Supérieure s'aperçut de sa pâleur extrême, et lui demanda si elle se trouvait mal. — « Non, répondit celle-ci, j'ai seulement mal à la tête. »

Toujours désireuse d'être utile, elle s'offrit pour garder les enfants pendant le repas, puisqu'elle n'avait aucun appétit. Quand elle revint, elle avait le visage tout décomposé et une grosse fièvre. Elle fut envoyée immédiatement à l'infirmerie, d'où elle ne devait pas sortir. « Ce n'est rien, disait-elle, pour calmer les inquié-« tudes des personnes qui l'entouraient ; je ne souffre « pas assez pour que ce soit quelque chose de grave. »

Le médecin de l'hôpital, appelé aussitôt, ne vit lui-même aucun symptôme alarmant. « Ce sera comme « le bon Dieu voudra, dit la malade. Si je puis encore « être utile et faire quelque bien, je suis contente de « vivre ; mais si le bon Dieu m'appelle, je suis prête à « partir. »

L'heure du départ avait en effet sonné pour elle ; les quatre jours qu'elle doit encore passer sur cette terre, vont faire briller avec un nouvel éclat toutes ses vertus religieuses. La nature n'a pas eu un moment de prise sur cette âme d'élite, si détachée d'elle-même et si unie à Dieu. Elle n'a pas un regard pour elle-même, et ne semble se préoccuper que du bien de la Communauté et de l'avancement de chacun de ses membres.

Le samedi matin, on put constater tous les symptômes d'une fluxion de poitrine bien prononcée. Pris au début, on avait l'espérance de pouvoir se rendre bientôt maître du mal ; mais il marchait à grands pas, et s'aggrava bientôt par la complication d'une affection du cœur dont la malade avait déjà souffert autrefois.

Le médecin demanda une consultation, et le docteur Fonssagrives, ancien professeur de la Faculté de Montpellier et allié de la famille (1), fut appelé. Il avait déjà eu plusieurs fois occasion de visiter la Mère Saint-Stanislas, et il était plein d'estime et de vénération pour elle. Il ne put que constater la gravité du mal et l'imminence du danger. En le voyant, la malade sembla ne plus penser à elle-même, et s'empressa de lui demander des nouvelles de sa famille et de ses petits-enfants, qui étaient en même temps ses neveux. Le docteur ne pouvait se lasser d'admirer sa bonté et son calme. Il disait à sa famille, à son retour : « Quel « malheur que vous ne puissiez pas, vous et vos « enfants, assister aux derniers moments d'une âme « si sainte ! C'est un spectacle si édifiant qu'il laisse « des souvenirs ineffaçables et pleins d'ineffables « consolations. »

Après le jugement porté par les docteurs, il n'y avait pas un moment à perdre, et on se hâta de tout préparer pour donner à la malade les derniers sacrements. Elle reçut cette nouvelle sans s'émouvoir ni se troubler, et elle dit à la Mère Supérieure: «Je ne me « croyais pas si mal ; si vous pensez qu'il en est « temps, je suis prête à tout ce que vous voudrez :

____

(1) La fille du docteur Fonssagrives avait épousé M. Alphonse Martin, neveu de la Mère Saint-Stanislas.

« je songeais à remettre cette pieuse cérémonie à
« demain ; ce soir je vais déranger la Commu-
« nauté. »

Cependant elle ne fit pas d'instances, et suivit d'un
œil attentif tous les préparatifs. Toutes les sœurs, pieusement émues, se trouvèrent bientôt réunies autour de
ce lit de douleur. Bien des larmes coulèrent, et les
sanglots empêchèrent plus d'une voix de suivre
les prières de l'Église. La malade, dont rien n'altérait
la paix et le sang-froid, répondait à tout avec la plus
grande tranquillité. Elle renouvela ses vœux avec
une piété angélique, après avoir demandé à ses sœurs
pardon de la mauvaise édification qu'elle pouvait
leur avoir donnée, pendant les longues années qu'elle
avait passées dans la maison de Dieu.

La Mère Supérieure lui demanda pour toute la Communauté une dernière bénédiction et quelques salutaires avis. La malade dit humblement : « Je ne puis
« rien refuser dans ce moment suprême. Je vous bénis
« de tout mon cœur. Faites toujours régner la charité
« parmi vous. Souffrez tout pour la maintenir, et que
« chacune y mette du sien. Laissez passer et tomber
« bien des choses pour le bien de la paix. Sachez par-
« donner et oublier. Acceptez, s'il le faut, d'être mépri-
« sées pour son soutien. »

Cette bonne Mère confirmait la vérité de cette
parole de nos Livres saints : « L'âme qui a passé sa vie
« dans la crainte de Dieu, s'en trouvera bien à la

« mort. Ce jour sera pour elle un jour de bénédic-
« tion. » (Eccl. 1. 13.)

Elle parlait de sa mort avec un tel calme qu'on
aurait dit qu'il s'agissait d'une autre. Elle paraissait,
par moments, étonnée elle-même de cette tranquillité
de son âme, qui était le fruit de son union à Dieu et
de sa générosité à son service. Après un long entretien
avec la Mère Supérieure sur les intérêts de la Communauté, elle ne put s'empêcher de lui dire: « Je vous
« parle, ma Mère, comme si c'était vous qui partiez,
« tandis que c'est moi qui vais mourir »; et elle laissa
échapper ce consolant soupir : « Ah! qu'on est heu-
« reuse de mourir quand on a tâché de servir le bon
« Dieu ! »

Son humilité cependant lui faisait estimer comme
bien peu de chose tout ce qu'elle avait fait pour le Ciel;
et quand une sœur lui rappela les cinquante-quatre
années passées au service du bon Maître, elle répondit
aussitôt: « Qu'est-ce que cela, ma sœur ? Il me sem-
« ble qu'il n'y a qu'un jour, et puis les choses me
« paraissent si différentes à la lumière de l'éternité !
« Je ne compte que sur la miséricorde du bon Dieu;
« mais, ajouta-t-elle en souriant, j'y compte bien. »

La sainte malade fut ainsi admirable jusqu'à la fin;
toutes ses vertus semblèrent jeter plus d'éclat. On
voyait en elle plus que jamais un oubli complet d'elle-
même pour ne s'occuper que des autres. Au milieu
de ses entretiens avec la Mère Supérieure, elle enten-

dit sonner l'heure de la récréation, et elle lui dit aussitôt : « Allons, bonne Mère, il faut que vous alliez « avec la Communauté. Nos sœurs seraient tristes « sans leur Mère, et elles pourraient croire que je « me trouve plus mal. » Et comme la Mère Supérieure insistait pour ne pas s'éloigner : « Non, non, lui « ajouta la malade, je vous en prie. Il me semble que « le bon Dieu le demande. Ce serait de l'égoïsme de « ma part. Je veux me priver de vous pour le moment ; « soyez bien tranquille : je ne manquerai pas de « vous faire appeler, s'il y a lieu. »

Cette insistance en faveur de la Communauté eut occasion de se renouveler encore une autre fois, et la malade, au milieu de cet acte de renoncement et de charité, ajouta avec son pieux sourire : « Non, non, ma « Mère, on ne démonte pas un couvent pour un moine. « Votre devoir vous réclame à la Communauté. »

Dans un de ses entretiens intimes avec la Mère Supérieure, l'humilité de la Mère Saint-Stanislas la poussa à lui demander qu'on ne fît pas de circulaire sur sa mort pour l'annoncer, selon l'usage, aux autres maisons de l'Ordre, et qu'on se contentât d'une simple lettre d'avis. Comme la Mère Supérieure ne lui donnait pas une réponse décisive, et lui témoignait le désir de conserver à ce sujet toute sa liberté, pour faire ce qu'elle croirait le meilleur: « C'est bien, lui dit la malade; faites comme vous jugerez à propos ! » Pour elle la décision des Supérieurs était une parole du Ciel. Le même

sentiment lui faisait trouver une ineffable consolation dans ces entretiens. La Mère Supérieure lui
exprima la crainte de la fatiguer en la faisant trop parler : « Oh! ne craignez pas, lui répondit celle-ci. Cela me
fait du bien. J'ai toujours entendu dire aux malades
que la présence des Supérieures les console et les forti-
fie. Et c'est bien vrai : je l'ai éprouvé moi-même. Je
me sens plus forte quand vous êtes là. »

Cependant la malade ne voulait pas abuser de cette
tendre sollicitude de sa Mère, et, la voyant encore à
son chevet à une heure avancée de la nuit, elle la
pressa d'aller se reposer ; mais elle la pria de lui donner auparavant sa bénédiction. « Je le veux bien,
« dit celle-ci ; et à mon tour, il faut que vous me
« bénissiez ! » La malade se prêta avec simplicité à
ce pieux désir, et, mettant la main sur la tête de sa
Supérieure, elle lui dit avec affection : « Je vous bénis
« de tout mon cœur, et je bénis en vous et par vous
« toute la Communauté. Faites tous vos efforts pour
« entretenir et augmenter la charité qui y règne.
« Soyez courageuse : j'ai passé par les épreuves que
« vous rencontrez. J'ai vu mourir pendant que j'étais
» Supérieure toutes celles qui l'avaient été avant moi.
« J'étais encore jeune ; mais le bon Dieu console et
« soutient ceux qui mettent en lui leur confiance.
« Je parle par expérience, soyez assurée que ce bon
« Maître sera avec vous. »

Au milieu de ses souffrances, qui étaient très vives

à cause des suffocations, la Mère Saint-Stanislas multipliait ses actes de résignation à la volonté de Dieu
et en même temps ses actes de charité.

Pour lui donner quelque soulagement, on avait cru
devoir lui appliquer un nouveau sinapisme. Elle se
laissa faire sans mot dire : elle savait trop le prix de
la souffrance. Elle venait de répéter à une de ses sœurs :
« Oh ! qu'il est bon d'avoir souffert pour Dieu quand
« on approche de son éternité ! » Et elle ajoutait avec
l'esprit de la plus parfaite résignation : « Faisons tou-
« jours ce que nous pourrons pour guérir, et Dieu
« fera le reste. S'il veut que je souffre, que sa sainte
« volonté soit faite ! »

« — Vous souffrez beaucoup, ma Mère ? lui dit une
« de ses sœurs. — Oh ! oui, répondit-elle ; mais que
« voulez-vous ? c'est le chemin du Ciel. Par la souf-
« france on y arrive sûrement. »

« — Bonsoir, ma Mère, lui souhaite une autre de
« ses sœurs : comme je voudrais que vous puissiez
« avoir une bonne nuit ! » — « Comme le bon Dieu
« voudra, ajouta la malade. Que sa sainte volonté
« soit faite, et non pas la mienne ! »

Il était touchant de voir cette bonne Mère, au
milieu des angoisses de ses derniers combats, se préoccuper de celles qui l'entouraient. La doyenne de la
Communauté se trouvait en même temps qu'elle
à l'infirmerie. Elle s'informa si on avait eu soin de
lui porter le bouillon qu'elle devait prendre pendant

la nuit, et elle ajouta : « Il le faut bien chaud. » Puis
s'adressant à l'infirmière : « Et vous, ma sœur, lui dit-
« elle, avez-vous pris quelque chose pour vous sou‐
« tenir ? Ne vous laissez pas surprendre par l'heure :
« il va être bientôt minuit. » Quand elle sut que la
sœur avait prévenu ce conseil : « Vous avez bien fait,
« lui dit la malade. Vous avez été prudente. »

Toutes les sœurs à l'envi ambitionnaient le bonheur d'approcher de ce lit de douleur, de recevoir la
bénédiction de cette âme héroïque, et de recueillir
quelques-unes de ses dernières paroles.

Une sœur se trouvant à un moment seule près d'elle,
lui demanda ce qu'il fallait faire pour acquérir la
perfection. Elle lui répondit après un instant d'hésitation: « La perfection ne se donne pas. Il faut l'ac-
« quérir par des actes, par la charité, l'humilité, le
« renoncement, l'obéissance. Il faut de la patience,
« de la patience, beaucoup de patience. »

En lui faisant un suprême adieu, bien des sœurs lui
demandèrent de l'embrasser : « Oh ! bien volontiers,
« leur disait-elle. La règle nous permet ce témoignage
« d'amitié, quand nous changeons de maison. Je vais
« partir en effet pour un long voyage. » Elle ajoutait
ordinairement : « Mais soyez forte, ma sœur, bien
« forte. Ne donnez rien à la nature ; que le surnaturel
« domine tout. Soyez une sainte religieuse, et vous le
« serez si vous êtes bien intérieure. Il faut absolu-
« ment le devenir. Il n'y a que cela de bon. Attachez-

« vous à la règle. Oh! la règle! quel secours elle nous
« donne! et puis l'humilité, la charité, la charité sur-
« tout ! Il en faut beaucoup : avec elle on vient bien
« mieux à bout de toutes choses, et pour cela il faut
« du courage; le bon Dieu est là pour vous aider.

Elle remarqua qu'une sœur, qui l'avait déjà em-
brassée, s'était mêlée à celles qui approchaient pour
lui donner encore le dernier adieu : elle ne voulut pas
le lui reprocher, mais elle lui dit en souriant : « Pas
« trop de naturel, ma sœur, pas trop de naturel.
« Aimons-nous en Dieu et pour Dieu : c'est comme
« cela que je vous aime. »

Cette bonne Mère donnait elle-même un admirable
exemple du détachement des choses de ce monde, et
ne semblait préoccupée que du besoin des âmes. Elle
n'oubliait pas sa famille, mais c'était surtout pour
lui rappeler ses besoins spirituels. Elle donnait cette
commission à une de ses sœurs et en même temps
sa nièce : « Dites bien à mes neveux et à mes nièces
« d'élever très chrétiennement leurs enfants. Qu'ils
« ne négligent rien pour en faire de bons chrétiens :
« voilà la chose essentielle. »

Pendant la nuit du mardi 8 mai 1884, les symptômes prirent un caractère plus alarmant, et semblèrent
annoncer que le dénouement approchait. La nuit
avait été très pénible, sans enlever à l'auguste malade
l'usage de ses facultés.

Vers 5 heures du matin, l'aumônier fut prié de

4*

venir lui donner une dernière absolution avec l'indulgence plénière des mourants, et dire les prières des agonisants. La malade le salua par son gracieux sourire, et lui témoigna toute sa reconnaissance pour son dévouement et sa charité, surtout pendant ces jours d'épreuve.

Puis les prières commencèrent devant la Communauté réunie. Bien des sœurs, dominées par l'émotion, ne pouvaient répondre que par leurs larmes. La Mère Saint-Stanislas ne cessa de répondre distinctement que vers la fin, lorsque les forces lui firent défaut. Ce fut le moment de son agonie ; elle resta calme et tranquille, comme elle l'avait toujours été.

Cependant la Communauté s'était transportée à la chapelle pour assister à la sainte Messe. Vers 7 h. 1|2, au moment où les sœurs s'approchaient de ia sainte Table pour recevoir la Communion, la malade sans mouvement et sans contraction rendit sa belle âme à Dieu qu'elle avait tant aimé et si bien servi. C'était une sainte mort qui couronnait une belle vie.

Malgré la juste douleur qui pénétrait tous les cœurs, ils ne pouvaient s'empêcher de reconnaître qu'ils étaient dominés par le charme de tant de vertus. Le privilège des âmes saintes est de répandre autour d'elles, en nous quittant, un parfum salutaire qui porte à la vertu et inspire le désir de les imiter, en même temps qu'elles nous donnent une douce assurance que nous avons une avocate de plus auprès de Dieu.

Avant l'inhumation la dépouille mortelle de cette humble religieuse fut exposée au milieu du chœur de la Communauté, et on vit accourir un grand nombre des habitants de la ville pour payer à sa mémoire un tribut de respect et de vénération. Une pauvre femme qu'elle avait souvent soulagée dans sa misère disait en pleurant : « Des personnes comme cette bonne Mère « ne devraient jamais mourir. Le bon Dieu devrait « les laisser sur la terre pour la consolation des « malheureux. » La piété porta même bien des personnes à faire toucher à ses restes précieux des chapelets, des croix, des médailles pour perpétuer au sein de leur famille le souvenir salutaire d'une vie si édifiante.

Une muse pieuse a chanté cette mort comme le vol de la colombe vers le lieu de son repos (1).

(1) Page 137.

X

TÉMOIGNAGES D'ANCIENS DIRECTEURS.

Quand la mort de la Mère Saint-Stanislas fut annoncée à plusieurs des directeurs qui l'avaient le plus intimement connue, ils donnèrent un beau témoignage à sa vertu. Citons-en quelques-uns.

Le premier écrivait à la Mère Supérieure : « On « peut dire que la mort de la Mère Saint-Stanislas a « été le digne couronnement d'une bien belle vie. Diffi- « cilement, même en religion, trouverait-on une âme « plus intérieure, plus généreuse, plus régulière, plus « unie aux sentiments de Notre-Seigneur, enfin mieux « formée par vos saintes Constitutions. Notre-Seigneur « vient donc de vous demander un bien douloureux « sacrifice, et j'y prends une grande part. C'est le très « dur privilège de votre âge de voir disparaître toute cette « génération de saintes religieuses, qui ont été vos Mères « et comme les fondements de votre Ordre renaissant. »

Le second : « C'est une protectrice de plus au Ciel pour « votre Communauté, et pour sa famille dans le monde. « Je l'ai connue à l'âge de dix-huit ans dans sa famille. « On la voyait pratiquer toutes les vertus des jeunes « personnes de son âge. Elle se faisait surtout remarquer « par une tendre charité pour ses frères et ses sœurs,

« toujours disposée à rendre service et à prendre pour
« elle ce qu'il y avait de moins commode. Sa vie reli-
« gieuse, au jugement de tous ceux qui l'ont vue à
« l'œuvre, a été parfaite. »

Le troisième : « Je comprends votre douleur. Vous
« aviez apprécié dans les rapports de chaque jour les
« vertus de cette belle âme. C'est un grand exemple de
« moins pour votre chère Communauté. Dieu a voulu
« l'avoir dans son saint paradis. Que sa divine volonté
« soit faite ! Ces séparations sont douloureuses pour
« celles qui restent sur la terre ; pour celles qui
« ont si bien mérité le Ciel, elles sont joyeuses et glo-
« rieuses. Ses vertus parleront après elle, et diront à
« chacune qu'il faut, avant tout, nous préoccu-
« per de faire le bon plaisir de Notre-Seigneur. C'était
« sa vie. Comme elle est heureuse maintenant d'avoir
« vécu de cette vie-là !.... »

Le quatrième : « Comme le bon Dieu vous a éprou-
« vées, mes pauvres Mères, en appelant à lui cette bonne
« et si vénérée Mère Saint-Stanislas ! Elle vous avait
« formées presque toutes à la vie religieuse. Son intel-
« ligence, son cœur et surtout sa sainteté lui avaient
« donné au milieu de vous un ascendant auquel au-
« cune de vous n'échappait. Dieu vous l'a montrée
« comme la tradition vivante de l'esprit religieux
« propre à votre vocation.

« C'était la régularité en personne, mais une régu-
« larité dont la fermeté n'avait rien de raide, et où

« au contraire tout était douceur et bonté. Très près
« de sa conscience pour elle-même, elle attirait à
« Notre-Seigneur, et par conséquent à la perfection,
« beaucoup plus par le chemin de la confiance et de
« l'amour, que par celui de la crainte. Sa chère petite
« Communauté était tout pour elle. Elle l'aimait ten-
« drement, mais elle l'aimait telle que le bon Dieu la
« voulait, telle aussi qu'il se plaisait à la lui montrer,
« c'est-à-dire fidèle à toutes les observances de la vie
« commune, et ne faisant par les liens de la charité
« qu'un cœur et qu'une âme. Que de fois ne l'ai-je
« pas entendue parler sur ce chapitre, qu'elle avait,
« j'ose le dire, souverainement à cœur ! Elle vous
« affectionnait, vous en particulier, ma bonne Mère,
« d'une façon toute spéciale. Aussi, en la perdant,
« avez-vous peut-être plus perdu que vos sœurs : car,
« comme vous me l'avez dit, dans votre charge de
« Supérieure la Mère Saint-Stanislas était pour vous
« une lumière et un soutien. Votre fille par l'autorité
« que vous aviez sur elle et qu'elle était si heureuse
« de reconnaître, elle était votre mère par son âge, et
« par vos sentiments de respect filial pour elle.
« Et voilà qu'à cette place si bien occupée, le vide
« s'est fait, et quel vide ! Pour mon propre compte,
« depuis la mort de la Mère Marie-de-Jésus, aucune
« mort ne m'a tant frappé. D'un autre côté, cette mort
« a été si bonne, si calme, si patriarcale, qu'il est
« impossible de ne pas se dire que vous avez main-

« tenant une protectrice de plus au Ciel. Le Ciel est-
« il donc séparé de la terre? Et ne devons-nous pas
« plutôt voir avec les yeux de la foi, cette télégraphie
« invisible aux yeux du corps, mais très véritable,
« qui unit les âmes entre elles, que ces âmes soient
« encore en ce monde ou qu'elles aient déjà passé à
« une vie meilleure ? Pourquoi les liens ne seraient-ils
« pas plus intimes et plus forts entre les âmes qui ont
« fait partie et qui font encore partie de la même
« famille religieuse ?..... »

Le cinquième, un ancien aumônier de l'hôpital, écrivait : « Dans les rares occasions où il m'a été donné de
« m'entretenir avec la Mère Saint-Stanislas, ce qui
« m'a toujours frappé était la douce sérénité em-
« preinte sur son front. C'était merveille de voir son
« entrain avec les petits enfants à qui elle apprenait à
« travailler. Avec eux elle savait se faire enfant, tou-
« jours le sourire sur les lèvres. »

Deux Pères Jésuites, très versés dans la direction
des âmes, et souvent en relation avec la Mère Saint-
Stanislas, mais qui moururent avant elle, avaient eu
occasion d'exprimer le jugement très favorable qu'ils
portaient sur sa vertu.

Le premier, le Père Chaignon, si connu par ses
retraites ecclésiastiques, ses ouvrages ascétiques et son
zèle pour l'association pour les défunts, disait d'elle :
« La Mère Saint-Stanislas est une vraie sainte ; je la

« vénère tant, que je prendrais avec confiance de ses
« reliques. »

Le second, le Père Basire, qui avait eu avec elle des
rapports bien plus fréquents, écrivait en parlant d'elle:
« La Mère Saint-Stanislas, d'Auray, est peut-être
« l'âme la plus forte, mais certainement la plus
« humble que j'aie rencontrée. C'est la plus grande
« jouissance que je puisse éprouver, en cette vie,
« de m'entretenir avec des saints. Aussi je ne man-
« que pas toutes les occasions d'aller à Auray,
« non pour louer la Mère Saint-Stanislas, mais pour
« l'humilier tant que je puis. C'est alors que je suis
« bien d'accord avec elle, et qu'elle me croit dans la
« vérité. Faites donc effort pour aller à Auray, si vous
« voulez connaître une sainte. Je ferais cent lieues, si
« cela m'était permis, pour une heure d'entretien
« avec une Mère Saint-Stanislas et quelques autres
« âmes rares ; car, même en religion, les âmes de cette
« trempe sont la grande exception. La Mère Saint-
« Stanislas n'a que le défaut de sa vertu, de son humi-
« lité, un peu d'inquiétude, de timidité et trop de
« défiance d'elle-même. Je lui prêche la confiance
« en Dieu. Elle est si intelligente et si avancée dans
« les choses intérieures, que c'est plaisir de l'entre-
« tenir. »

De son côté, la Mère Saint-Stanislas savait apprécier
les services que lui avait rendus le Père Basire. Elle
disait avec candeur en parlant de lui : « Le peu de bien

« que j'ai, je le dois aux services que m'ont rendus
« plusieurs Pères Jésuites, mais surtout celui qui m'a
« le plus éclairée sur ma pauvreté spirituelle, sans
« ménager mon amour-propre. »

APPENDICE

NOTICE

SUR LES

HOSPITALIÈRES DE LA MISÉRICORDE-DE-JÉSUS

———

Le monastère 'des hospitalières d'Auray, en Bretagne, est un rameau de la Congrégation de la Miséricorde-de-Jésus, branche illustre de l'Ordre de Saint-Augustin, commencée en sa personne et fondée sur sa règle. Elle prit naissance à Dieppe, il y a près de trois siècles, et se répandit bientôt dans beaucoup de provinces, et jusqu'au Canada.

Les religieuses de cet Institut portent l'habit blanc et le manteau noir des chanoinesses de Saint-Augustin. Elles font les vœux de pauvreté, de chasteté, d'obéissance en perpétuelle clôture, et celui de s'employer au service des pauvres tous les jours de leur vie.

Le propre de leur vocation est de joindre la vie de Marthe à celle de Marie, l'action à la contemplation; de chercher l'amour de Dieu dans sa pureté et l'amour du prochain dans sa perfection, servant Notre-Seigneur sans aucun intérêt terrestre, mais purement et simplement pour lui plaire, et secourant le prochain dans toutes ses nécessités corporelles et spirituelles, pour l'amour de Celui qui tient pour fait à sa personne tout ce que l'on fait au moindre des siens.

Voilà la fin que se proposent toutes les personnes qui veulent embrasser cet Institut; et tous leurs efforts ne doivent tendre qu'à acquérir cet esprit, qui n'est autre que l'esprit de Jésus : esprit d'amour envers son Père, esprit de douceur et de charité envers ses frères. Elles assistent les malheureux avec autant de soin, d'affection et de constance que si elles servaient Jésus-Christ lui-même en personne, imitant ainsi les miséricordes de Notre-Seigneur au Saint-Sacrement, où il fait de chaque âme qui le reçoit un Hôtel-Dieu de sa miséricorde.

Les hospitalières doivent être disposées à consumer leurs forces et à exposer, s'il le faut, leur vie au service des pauvres, avec le même amour que les martyrs qui allaient à la mort.

Ainsi leur office est de recueillir le précieux sang de Jésus-Christ et de l'appliquer au salut des âmes, pour qui il a été répandu. En sorte que l'on peut dire que c'est du Cœur sacré de Jésus que l'Institut tire son origine et son glorieux titre de *Religieuses Hospitalières de la Miséricorde-de-Jésus.*

La Bretagne fut redevable des monastères de Vannes et d'Auray, à la piété et à la générosité d'un grand serviteur de Dieu, M. Le Gouvello de Keriolet, que sa pénitence a rendu plus célèbre encore que ses égarements.

Quatre professes de Dieppe furent députées pour jeter les fondements du monastère de Vannes, et il s'ouvrit le 2 mai 1635.

Les difficultés que fit naître le règlement du testament du fondateur, retardèrent pendant trente-huit ans l'ouverture du monastère d'Auray ; elles s'évanouirent enfin, et le 21 novembre 1674, quatre professes du monastère de Vannes, avec la Révérende Mère du Châtel de Kerleck, dite de la Trinité, à leur tête, allèrent à Auray, installer la nouvelle Communauté. Cependant la Révérende Mère Supérieure et son Assistante sentirent bientôt la tâche au-dessus de leurs forces. Elles donnèrent leur démission, et l'évêque de Vannes, Mgr de Vautorte, fit députer de nouvelles professes avec la Mère du Tressay, dite de l'Incarnation, pour Supérieure. La substitution se fit le 11 août 1676, époque qui fut à proprement parler celle de la fondation d'Auray.

Ne semble-t-il pas que rien n'aurait jamais dû troubler cette vie de sacrifice, qui ne cherchait que le service de Dieu et le soulagement de l'humanité souffrante ? Mais l'impiété et l'anarchie allaient avoir un moment de triomphe. La catastrophe éclata à la fin du siècle dernier, et les Ordres religieux furent les premières victimes de la haine des méchants.

Comme les autres familles religieuses, les hospitalières de la Miséricorde-de-Jésus ne furent pas épargnées. Le premier décret qui atteignit la Communauté d'Auray était daté de 1791. Il ordonnait la suppression de l'habit monastique ; et, par une concession qui semblait annoncer qu'on usait avec les anciennes religieuses de quelques ménagements, on leur permit sous l'habit séculier de vivre encore ensemble, et de continuer leur service auprès des malades. Ce n'était qu'une feinte imposée par la difficulté de pourvoir aux besoins du service des malades.

Au moment où la crise révolutionnaire se fit sentir dans le monastère de l'Hôtel-Dieu d'Auray, on y comptait 14 religieuses de chœur et 2 converses. Elles avaient à leur tête la Révérende Mère Geoffroy de l'Isle, dite Sainte-Anne. Ses grandes vertus et la sagesse de son administration entretenaient dans toutes ses sœurs l'union intime des cœurs et une sainte émulation de vertu. Elles se préparaient ainsi à supporter avec courage et résignation les rigueurs de la persécution et le sacrifice de la dispersion.

Les jours que les religieuses en habit séculier passèrent encore dans leur monastère furent signalés par des privations et des vexations de toute nature. On fit, sous leurs yeux, des perquisitions minutieuses et des visites domiciliaires jusque dans les plus petites cellules. Tout était mis au pillage. On voulut même tenter jusqu'à leur foi, en cherchant à leur arracher le serment schismatique à la Constitution. Elles se montrèrent inébranlables et ne laissèrent même pas les prêtres assermentés approcher des malades pour les administrer.

Cependant la Révolution continuait partout son œuvre de destruction. C'était l'époque de la Terreur.

Sous leur travestissement on reconnaissait toujours les religieuses de la Miséricorde-de-Jésus à leur dévouement et à leur charité. Les méchants voulaient en effacer jusqu'au souvenir. Un décret du 30 décembre 1793 les chassa de leur monastère.

Avant le départ, la Mère Supérieure voulut distribuer entre elles le peu d'argent qui lui restait, et chacune reçut 3 fr. et quelques centimes. Puis elles se séparèrent au milieu des larmes, pour chercher une retraite soit dans leurs familles, soit chez des amis.

Trois d'entre elles (1) furent enfermées avec d'autres victimes dans leur propre monastère, dont on avait fait une prison. Elles échappèrent à la mort par la chute de Robespierre, le 18 juillet 1794.

Les temps devinrent enfin plus calmes, et l'anarchie révolutionnaire fut forcée de plier devant le parti de l'ordre et de la paix. Mais si violente avait été la crise

______

(1) Les Mères Marie-de-Jésus, Saint-François et Saint-Pierre.

qu'il fallut plusieurs années pour fermer les plaies qu'elle avait faites.

Les bons citoyens d'Auray gémissaient de voir leur hôpital privé des secours de la religion et abandonné à des mains mercenaires. Ils obtinrent des administrateurs qu'ils feraient des démarches pour réintégrer les anciennes religieuses dans leur service de charité. Ils s'adressèrent à la Mère Sainte-Anne, qui était toujours regardée comme la Supérieure, et qui, avec quelques autres religieuses, n'avait jamais quitté la ville.

Ce fut enfin en 1804 que les religieuses hospitalières de la Miséricorde-de-Jésus virent s'ouvrir de nouveau pour elles cet asile sacré, berceau de leur jeunesse religieuse. Mgr de Pancemont, évêque de Vannes, qui avait beaucoup contribué à cette restauration, vint lui-même, le 29 mai, donner plus d'éclat à la prise de possession. Il était accompagné de ses grands-vicaires, du clergé de la ville, des administrateurs civils et d'un détachement de hussards. L'église et le monastère furent bénits le 20 juin ; cependant, par mesure de prudence, les Religieuses attendirent jusqu'au 1er novembre pour reprendre l'habit monastique. Elles étaient au nombre de onze ; pendant leur dispersion la mort avait enlevé deux religieuses de chœur et une sœur converse.

C'est ainsi qu'après dix ans, on vit enfin cesser le

sacrilège et l'injustice. Pour toute vengeance, la religion ne réclamait pour ses enfants que la liberté de mener une vie d'immolation à la gloire de Dieu et au soulagement des infirmités humaines.

A LA MÉMOIRE

de notre

BONNE MÈRE SAINT-STANISLAS

décédée le 14 mai 1884

—

LE VOL DE LA COLOMBE

> Seigneur, parce que vous avez rompu mes liens
> je vous offrirai une hostie de louange. (Ps. 115.)

Entendez-vous, mes sœurs, cette voix qui m'appelle ?
Ecoutez !... Qu'ils sont doux, ces célestes accents !...
« Lève-toi, ma colombe. Oh ! viens, ma toute belle !
« Hâte-toi, prends ton vol, viens, c'est moi qui t'attends !... »

Vous avez reconnu sa voix suave et chère,
C'est Lui !... Le Bien-Aimé m'appelle doucement.
Le jour luit donc enfin ! Je vais quitter la terre.
Mes liens sont brisés... en cet heureux moment !

Mes sœurs, je puis partir pour la sainte demeure.
Mon exil est fini... Je dois vous dire Adieu.
Pour arriver là-haut, il faut bien que je meure ;
Nous nous retrouverons. Notre terme, c'est Dieu !

. . . .

4***

Et quittant cet exil, notre douce colombe
A volé vers le ciel sur le Cœur de Jésus ;
Hélas ! et nous pleurons ! Mais à travers la tombe
Qu'il fait bon respirer l'odeur de ses vertus !

Vous voulez cependant, ma mère bien aimée,
Que j'esquisse pour vous quelques-uns des beaux traits
De celle qui toujours choisit d'être ignorée,
Et qui, sans s'en douter, charmait par ses attraits.

Qui dira la douceur de cette âme angélique ?
(Elle l'avait acquise après bien des combats !...)
Son visage portait comme le sceau mystique
Des élus affranchis des peines d'ici-bas.

Qu'il était beau de voir l'aimable et sainte Mère
Soigner l'infirmité, parler au malheureux,
Instruire l'ignorant, apprendre la prière
A qui n'avait jamais ouï parler des Cieux !

Comme elle se prêtait avec complaisance
Quand les délassements demandaient la gaîté !...
Gracieuse toujours, même dans la souffrance,
Son cœur savait trouver des trésors de bonté.

Elle passait sans bruit, active et souriante,
Se rendant au devoir, toujours l'ouvrage en main.
Prête au premier signal, humble et obéissante,
On ne la vit jamais s'arrêter en chemin.

Le Ciel s'ouvre donc, ô mes sœurs, ô mes mères !
Cette mère chérie enfin prend son essor.
Mais vous n'oublierez pas ses paroles dernières,
Car elle est près de vous, et son cœur parle encor.

TABLE

POITIERS. — TYPOGRAPHIE OUDIN.

9 782329 404851